杭州市

数字乡村建设典型案例集

罗煦钦 等 主编

中国农业出版社

北 京

本书编委会

前言

PREFACE

《杭州市数字乡村建设典型案例集》付梓，顺应形势，领军潮流，确实可喜可贺！

“弄潮儿向涛头立，手把红旗旗不湿。”浙江省被赋予高质量发展建设共同富裕示范区的光荣使命，杭州市作为浙江省省会城市，正在努力成为浙江省高质量发展建设共同富裕示范区城市范例。在这幅壮美的画卷里，数智赋能是浓墨重彩的一笔。近年来，数字乡村建设与美丽乡村建设携手同行，引领广大农民在共同富裕的道路上阔步前行，涌现出许许多多独具特色的成功案例。

本书以中共中央办公厅、国务院办公厅印发的《数字乡村发展战略纲要》为指引，按照产业、治理、服务、综合4个大类，提炼总结杭州市在“十四五”时期数字乡村领域的建设成果，特别是总结临安区国家数字乡村试点县建设成效，遴选出44个典型案例汇编成册。这些案例系统总结数字乡村应用场景聚焦的堵点痛点、实现路径、初步成效，内容涵盖数字基础设施升级、智慧农业创新发展、新业态新模式发展、数字治理能力提升、乡村网络文化振兴、智慧绿色乡村打造、公共服务效能提升、网络帮扶拓展深化8个方面。这些案例是浙江省建设数字乡村引领区的生动实践，既为杭州市数字乡村建设进行了理论总结，也为其他地区数字乡村建设提供了借鉴参考，为探索形成“浙江创新、全国共享”的数字乡村建设模式提供了杭州方案、杭州经验。

杭州市全面推进数字化改革，创新数字乡村应用场景综合集成，各地将进一步聚焦乡村数字经济、数字治理、数字服务等重点，促进乡村科创、农创、文创共融发展，以强大的活力持续推进乡村振兴、共同富裕。

“路漫漫其修远兮”，我们将继续为推进数字乡村建设而“上下求索”！

徐文波

2023年10月

目录

CONTENTS

产业类

CHANYELEI

服 务 类
FUWULEI

治 理 类
ZHILILEI

综合类
ZONGHELEI

CONTENTS

DIGITAL

CHANYELEI

产 业 类

西湖龙井茶园生态智治

西湖区

场景简介

茶园病虫害问题历来是西湖龙井茶品牌综合保护工作的重点和难点。西湖区开发了智慧生态防治场景，实现了茶园气象、土壤墒情和虫情自动监测，远程控制天敌友好型太阳能杀虫灯，全域茶园数字无人机飞防植保，提高了茶园病虫害防治效果，保障了茶叶质量安全，被农业农村部全国农业技术推广服务中心列为“全国茶树病虫害绿色防控示范区”。

茶园病虫害防控物联网平台

实现路径

一是建立茶园智能监测站。建立茶园智能监测站10个，布点茶园气象、土壤和虫情等监测设备30套和视频监控设备3套，实现茶园小环境、土壤、虫情等数据的监测和预测，提升茶园的科学管理水平和灾害预警处置能力。二是组建茶园病虫害防控物联网。在1.5万亩*茶园内安装738盏杀虫灯，将所有杀虫灯接入地理信息系统（GIS）地图，管理人员可通过手机端App或网页端软件远程控制多台设备，同时掌握设备状态、设备地理位置、杀虫

* 亩是非法定计量单位，1亩 = 1/15公顷。

情况等。三是在国内率先实现全域1.59万亩生产茶园数字无人机飞防植保作业。全面推进茶树病虫害统防统治，以生物农药为主替代化学农药，减少对环境的不良影响。

茶园智能监测站

初步成效

一是自全域布设天敌友好型杀虫灯及开展无人机飞防植保等绿色防控以来，化学农药使用量减少58%，茶园内98%的茶树未发现茶尺蠖幼虫，虫口数量明显降低。二是通过生物农药防治、物理防治等手段，极大地降低了化学农药的使用量，让茶园内益虫和天敌数量逐步恢复，生态环境明显改善，作业效率达到传统人工作业的70倍以上，每年抽检合格率均达到100%。三是通过数字赋能，明显降低了茶园管理和人工成本，大大缓解了茶叶生产造成的环境污染和资源浪费。

全域数字无人机飞防植保

稻香小镇数字农业

余杭区

场景简介

杭州稻香小镇位于杭州市余杭区余杭街道，成立于2019年5月，余杭街道城北8个村近3万亩土地在永久基本农田占用率达97%的情况下实现农民增收，助力乡村振兴。

稻香小镇稻梦空间平台

实现路径

一是稻田数字化认养，通过小程序实现稻田认养数字化、可视化，对认养过程进行管理及跟踪，通过物联网设备实时采集并更新田间气象、土壤等信息，最终结合H5商城，对农土特产品的销售进行数据分析，反向指导精准营销和种植生产。二是数字农业溯源，实现对土特产从种植、加工、生产、包装全链路的数字化追溯，让游客买得安心、吃得放心。 三是数字文旅地图导览（智游助手），通过数字化手绘地图给游客以娱乐、餐饮、公共服务等方面的可视化指引，一机在手，游览无忧。四是VLOG专属短视频系统，以人脸识别算法为技术底层，以建立村域VLOG视频打卡点为要素，生成游客的专属打卡视频。五是基于地理信息系统，构建基于农业产业数据的管理体系“一张图”，实现管理部门的实时有效监管。六是打造数字农业全产业链，与数字化平台和应用企业开展多模块合作，利用数字化赋能水稻产业链、农文旅融合等全链路。七是增加数字治理和数字创业模块，对内实现网格治理和人员动态管理等场景，便于村级管理和服务村民；对外实现招商空间发布、招商政策对接、公共空间预约、相关创业政策兑现等场景，吸纳人才和资源，内外协同推动乡村的创新创业，带动村民家门口就业。

稻香小镇一角

初步成效

项目设立后，通过农户集中土地流转专业化职业化运作，加上数字化对生产、销售、农旅方面的赋能，使得核心区块的水稻收益由最初的每年每亩2 000元增加到每年每亩6 000元。

稻香小镇鸟瞰图

径山茶国家产业园核心区块数字化应用

余杭区

场景简介

径山茶国家产业园共有茶园面积7万亩，牛头山茶园是径山茶的主要生产地，占地约1.7万亩，应用、区块链、物联网、大数据、第五代移动通信网络（5G）、智慧气象等现代信息技术，试点推进茶园生产智能感知、智能控制、智能生产管理和溯源系统的应用。

径山茶智能生产设备

实现路径

围绕万亩茶山，实施绿色防控技术推广及水肥一体化项目。通过与陈宗懋院士技术团队合作开展绿色防控技术推广，利用天敌友好型LED杀虫灯、灰茶尺蠖性诱捕器、天敌友好型诱虫板等最先进绿色防控技术，使茶园化学农药施用减少70%以上，生物防治效果走在全省前列。此外，用茶叶有机肥替代化肥，配备国内领先的物联网水肥一体化自动管控系统，可以实时远程控制茶叶生长期的水分和养分供给，实现茶叶水肥的有效利用和精准灌溉，减少化肥用量，提升茶叶品质和安全标准，实现茶园的科学化标准化管理和节本增效。园区引入乘用型复合采茶机、植保无人机和自走式耕地机，实现茶园全程机械化、自动化标准作业。

乘用型复合采茶机

园区浙江骆驼九宇有机食品有限公司与杭州电子科技大学一起合作开发九宇数智茶园云平台，通过综合利用计算机技术和物联网技术，采集茶园无人机影像，开发一套完整覆盖茶园物联网传感器数据收集、分析、展示，以及茶园生产管理各方面的云平台软件系统，赋予茶园数字化展示、管理、分析、决策功能。同时，以该平台为核心，搭建一个“联农带农，为农服务”数字媒体共享展示中心，助力公司和周边小农户在茶园种植和生产管理过程的逐步落实数字化、智能化。

九宇数智茶园云平台

正浩富梅龙井茶数字农业工厂

富阳区

场景简介

杭州正浩富梅茶叶有限公司成立于2018年，是集研发、生产、仓储、物流全自动化为一体的科技型龙井茶叶制作企业，工厂面积11.2亩，投资总额9 000万元，年产值4 500万元。

正浩富梅龙井茶数字农业工厂

实现路径

一是推进龙井茶加工智能化，创建智能产业，实现智能制造。建设新一代信息技术，把不可控的传统龙井茶生产制作分解为可量化的智能化生产控制工序及品控程序，将流水线的设备进行模块化规划、设计、布局，各个关键工序的设备通过PLC、传感器和感应器进行信号传输、反馈、控制，将以前独立运行的设备进行自动化、连续化、智能化的衔接，从而实现龙井茶原料从鲜叶分拣到原料加工，实现全自动化工艺流程智造。二是多渠道全网络，拓宽市场之路，抢抓机遇，布局电商。公司主要提供内部订单、OEM/ODM及B2B销售业务，品牌成立正式的电商事业部，公司在各大电商平台均进入销售前列。

卢正浩龙井茶数字智能化生产控制系统

初步成效

截至2023年6月，工厂共计47人，其中科技人员10人，公司资产总额已达7 186万元，营业收入已达3 850.88万元，比2022年全年增长506.21%，发展迅猛，工厂在数字化方面投入1 800多万元，数字化设备投入使用后，对企业后续发展起到了积极作用，使公司盈利水平大大提高。

工厂厂区

网上农博桐庐馆农文旅融合示范应用

桐庐县

场景简介

近年来，桐庐县乡村休闲旅游蓬勃发展，果蔬、粮油、特色小吃、文旅产品等不断丰富，但各类经营主体特色品牌意识、经营推广能力不强，缺乏系统的营销宣传平台。为此，启动网上农博桐庐馆，对整体形象和产品进行提升，并通过农文旅数字在线体验，进一步打响桐庐休闲产业品牌。

实现路径

一是产品多元化。把农产品、民宿（景点）、伴手礼等休闲产业产品全面纳入平台。二是购物可视化。上架产品均以可视化展现，如产品的生产环境、种植环境，以及旅游产品（如线路宣传、民宿环境、民俗活动等）。实现客户便捷观看、便捷下单。三是产业融合化。打造成“亦游亦购”平台，消费者可自由切换不同频道，实现“边游边购、购中又游”的生态体验。四是营销数字化。利用供需匹配技术精准锁定消费者，并开展丰富的促销活动。五是服务智慧化。引进当地服务商运营团队，对桐庐馆进行运营并对入驻主体进行电商知识培训、线上产品包装，使入驻主体线上运营规范化、规模化。

网上农博桐庐馆

初步成效

全面赋能桐庐农文旅产业主体，截至2023年6月，桐庐馆已入驻主体314家，累计销售产品2万余件。开展各类线上促销活动10余次，通过桐庐网上年货节、村播助农、乡村在线游等活动，累计向150余万人推介桐庐。

“乡村振兴 爱心助农”专区

桐庐馆年货节

富春江镇芦茨村数字旅游

桐庐县

聚焦痛点

芦茨村现有民宿近200家，呈高、中、低多元发展的态势，年接待游客约160万人次。近年来，随着游客的增多，便捷找客房、便捷停车、放心消费成了急需解决的问题。

芦茨驾驶舱

实现路径

一是以数字化手段，提升大众民宿营销推广能力。建设村级“芦茨慢生活馆”，提供在线查询、预定、支付、评价等服务。开展民宿产品推广及直播促销等活动，强化产品线上营销能力。二是以智慧化方式，引领提升游客服务能力。建设车流监测管控、停车指示及区域人流监测等设施设备，借助网上商城，推进村级“移动化”和“智慧化”建设，面向游客提供商户位置查询、路况预警、黑白名单评价体系展示。三是以精细化手段，提升管理及决策的水平。构建“一图感知芦茨全景”的应用场景，展示芦茨村的资源分布、民宿运营、剩余客房、气象环境监测、从业人员健康管理、公共服务等相关数据，为相关管理者的决策提供数据支撑。

初步成效

民宿全流程营销、监管及应用，有效提高了数字旅游水平，增强了乡村休闲产业的接待能力和质量，并为管理者提供了决策依据。

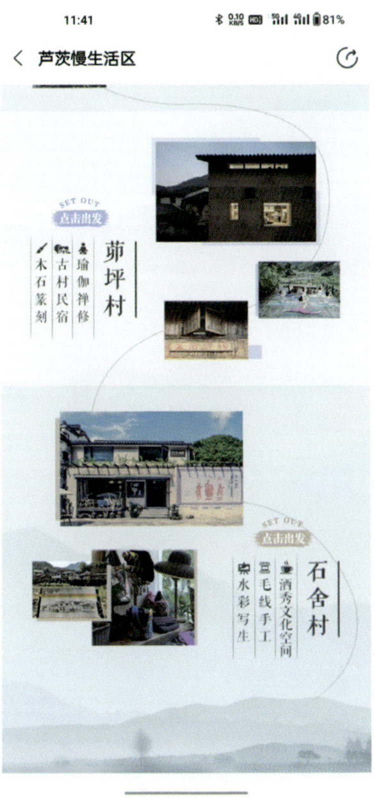

芦茨微应用

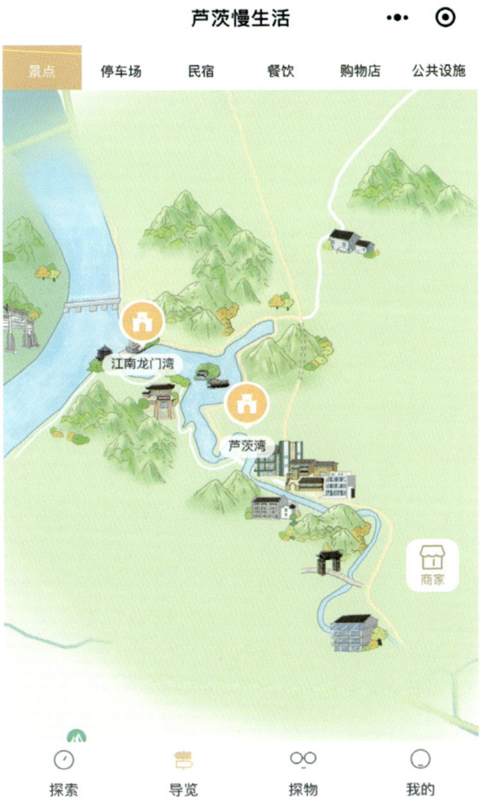

芦茨慢生活场景

山核桃产业大脑

临安区

聚焦痛点

分散、过度经营导致临安区山核桃林地土壤酸化、生态脆弱，干腐病防治形势严峻。加工与营销环节缺乏消费大数据支撑，出现了“低价竞争”“产销不畅”等现象。

临安山核桃产业大脑

实现路径

一是产业资源管理。通过卫星遥感数据，结合作物生长条件、生长规律等要素，利用人工智能算法，得到临安山核桃种植分布矢量数据，绘制山核桃产业一张图。构建产量预估、适宜性评价和风险性评价3个模型，实现产业监测预警、整体态势感知，为政府生态治理提供了决策支撑。二是产业预警。创建山核桃病虫害图谱，建立花蕾蛆、干腐病预警模型，通过11个数字示范基地实时物联感知设备数据，触发模型并预警，供植检站辅助决策，编发病虫情报，并由“临农一件事”推送至种植大户、合作社和无人机飞防队，形成“及早发现、数字预警、联动处理”的病虫害防治闭环。2023年推送了4次病虫情报，实现精准预报，保障了林农增收。三是电商大数据科学决策。基于平台数据，分析出山核桃热销商品、热销区域、消费者的年龄结构与喜好，这些分析成果形成电商大数据报告，通过“临农一件事”发布，为政府品牌推广、企业新品研发、电商直播提供支持，赋能林农、企业、政府主体。

病虫害监测预警

初步成效

采集360万条以上山核桃全产业链数据，实现数据互联互通，基本解决“哪里合适种、如何种得好、如何加工好产品、如何卖得好”等产业核心问题。发布《山核桃产业数字化服务平台建设与运行规范》等6个标准，先后荣获浙江省数字经济系统优秀案例等省部级优秀评价5项。通过产业大脑综合应用，2022年山核桃检测合格率达99%以上，全产业链增收4亿元以上，区域公用品牌价值提升至37.60亿元。

数字示范基地

天目雷笋产业大脑

临安区

聚焦痛点

天目雷笋是临安的一大特色产业。近年来，过度覆盖经营和长期纯化肥使用，导致竹林退化、产量降低、品质变差，甚至开花枯萎。

云中心

实现路径

通过雷笋一二三产业数据融合，打造产业大脑，实现产业数字化，打响“水果笋”品牌。一是打造云中心。通过“天空地”一体化监测预警网络建设，共享规划和自然资源部门卫星图片，实现雷笋产业整体态势感知。构建雷竹退化模型，归集整理天目雷笋土壤数据，为测土配方、退化雷竹改造提供依据。二是建设云基地。通过宽行数字示范基地建设，构建绿色种植模型，布设病虫害监测物联设备，通过生长模型和实时水肥等数据，控制水肥一体化设备及植保无人机，实现精准灌溉施肥，无人机喷药等操作，同时也为病虫害情报编发提供决策依据。三是推进云溯源。农户通过农安App，记录农业投入品使用等农事生产记录，为天目雷笋品牌建设提供支撑。四是运用云销售。采集主要交易市场及销售市场的价格信息并作趋势分析，为经营大户、主管部门提供决策支持。五是实现云培训。构建雷笋病虫害识别模型，通过“临农一件事”—“我要病虫害防治”模块，农户只要上传照片，即可获得相关防治指导或线上专家服务。

云溯源

初步成效

2023年6月，泛龙竹海竹笋基地依托天目雷笋产业大脑，开展精准化施肥和病虫害防控，培育出清脆、甘甜、不涩的“老林牌”天目水果笋，已实现最高年亩产量3 000千克、亩产值超5万元的经济效益。接下来，还计划以点带面，推动太湖源镇13 000亩退化雷竹林的改造，促进全区30万亩雷竹林转型升级。

云基地

杭州正兴牧业奶牛场数字化场景

临安区

聚焦痛点

信息互联互通一直是牧场生产管理工作中的重点和难点，关系到牧场生产数据的及时性、准确性和管理分析决策的能力。杭州正兴牧业奶牛场历经十多年的迭代，逐步引进数字化管控技术，建立奶牛数字化管理平台和养殖数据库，实现牛只身份识别、环境监控、智能饲喂、健康智能诊断、数据归类分析等全方位管控且收效显著，积极引领浙江省奶牛养殖业数字化转型升级。

数字奶牛管理系统

实现路径

综合应用大数据、云计算、物联网、移动互联等信息化技术将牧场生产管理过程对牛只身份识别、智能挤奶、TMR 日粮加工监管、发情监测、犊牛智能饲喂、后备牛体况测定、兽医诊疗、环境监测等设施设备数据进行智能采集、归类分析等，实现全方位智能集成管控，整合形成杭州正兴一牧云数字奶牛管理系统，彻底打破信息孤岛，形成牧场智慧大脑。

初步成效

数字化对生产效益的拉动作用明显。一牧云生产管理系统2022年和2021年同期数据比对，在牧场奶牛数量不变的情况下，奶牛TMR日粮加工误差率由之前4.45%下降到2.88%，精准度提高35.28%，TMR饲草料加工效率提升50%；奶牛发情揭发率提高10.34%，平均产犊间隔缩短38天，繁殖率提高25.78%；成母牛单产由10吨/年提升到10.8吨/年，生鲜乳总产量同比提升3.64%。奶牛数字化的变革得到省、市主管部门，业内专家及同行的积极认可。2022年企业被认定为浙江省数字牧场（奶牛）。

自动化挤奶

犊牛智能饲喂站

千岛湖直播小镇

淳安县

场景简介

千岛湖直播小镇位于淳安县左口乡桥西村，自开创以来，通过直播推介农产品、开展线上线下培训，增加集体收入，拓展就业创业平台与机会，是一个具有独立完整商业模式的服务性产业基地。

直播小镇

实现路径

一是开拓民宿直播新方向。千岛湖直播小镇包含集客营、梦工厂、微公益、蓝马会等多个模块，致力于提供涉及流量运营、扶贫公益、直播助农等内容的优质课程，培训本土素人，孵化本土网红，让“乡村旅游+民宿+农趣+农产品销售”插上网红“翅膀”。二是打造网红直播景点。左口乡以民宿特色村为背景，打造建筑面积1 200平方米的“网红消薄楼”，2023年6月，该楼已完成松鼠直播间、农品直播间等22个主题直播间的打造。三是谋划农业网络产业带。探索“本土农产品+9块9网红爆款”打包销售模式，已签约销售左口蜜桃1万单、5.11万斤*、40余万元，"9块9"单品5.8万单，57.42万元，实现引流促销"双赢"。

直播进行中

初步成效

直播推介水蜜桃、野生核桃等20余种农产品，线上销售产值达550余万元，每年可为村集体带来16万元经营性收入；成功开展线上线下直播培训28场、学员达3 000人，其中包括本乡92名村姑和38家民宿主。"直播+电商"新业态也吸引了很多年轻人回流农村、反哺家乡，为左口乡的年轻人提供了新的就业创业平台与机会。

农产品直播员实战训练营

* 斤为非法定计量单位，1斤＝500克。

数智草莓

建德市

场景简介

建德数智草莓是覆盖草莓全产业链全生命周期的数字化服务管理平台，通过草莓产业全闭环安全监管、全方位共富服务，实现赋能产业提质、助力共同富裕。

实现路径

按照V型设计全过程，梳理整合不同部门机构的业务，找出业务协同着力点，破解系统数据壁垒，构建跨层级、跨地域、跨部门、跨业务、跨系统的多跨协同业务协同流程体系，在此基础上，搭建“1+6+N管理服务架构”。其中，“1”指1个草莓产业驾驶舱（数据专题库），整合农业农村、科技、银行、保险、供销等18个部门21项业务；“6”指构建莓好管家、莓好服务、莓好产品、莓好基地、莓好品牌、莓好共富等6大莓好场景，下设莓农莓园等32个子场景；“N”指专家咨询、金融保险等N个应用模块，已按照莓农圈、管服圈、莓粉圈等需求群体开发了21个应用模块。

数智草莓驾驶舱

初步成效

截至2023年6月，平台已入驻6 000多户建德莓农。据初步统计测算，可推动草莓季产值提升10%左右。

草莓立体种植

数智草莓用户端

水稻工厂化育秧中心

建德市

场景简介

针对传统育秧技术水平参差不齐的问题，建德市积极打造首个“工厂化育秧中心”，集成育秧新技术、新装备、新工艺，采用“1+N”的水稻二段育秧模式，实现了水稻育秧过程的精准播种、温湿一体化控制、智能化及自动化，显著提高了成秧率、育秧整齐度和育秧水平。

育秧中心外景

实现路径

一是叠盘暗出苗，降低风险。从播种到出苗环节采用工厂化生产、叠盘出苗，待出苗达到针叶期、苗高0.5厘米时，再将秧盘转到育苗场培苗，显著提高了水稻种子的发芽率和成秧率，并大大减少了育秧的空间需求。二是精准控制，壮秧壮苗。通过高度智能化的播种流水线和温控设备，精准控制播种量和育秧过程的温湿度。同时，结合专用育秧基质，合理复配水稻秧苗所需养分，为培育壮秧壮苗奠定基础。三是“1+N”育秧，优化服务。采用“1+N”育秧模式播种流水线，每小时播种制作9寸秧盘达1 200盘，每天可生产1万盘，可供机插面积500亩、手插面积1 000亩，年育供秧生产20万盘，年育秧服务面积1万～1.5万亩，大大加强了粮食生产社会化服务能力。

叠盘暗出苗

初步成效

据测算，工厂化育秧中心首年试运行实现服务面积4 000亩，水稻每亩增产35千克以上，稻谷总增产1.4万千克以上。

烘干中心

FUWULEI

服 务 类

DIGITAL

富春智联—民呼必应

富阳区

场景简介

富阳区根据数字化改革重大部署，推进全域未来社区、未来乡村建设，统筹各级各部门应用落地实施，形成以“民呼必应”“15分钟生活圈”等应用场景为主要功能、极具富阳辨识度的富春智联平台，实现全域全民共享未来。

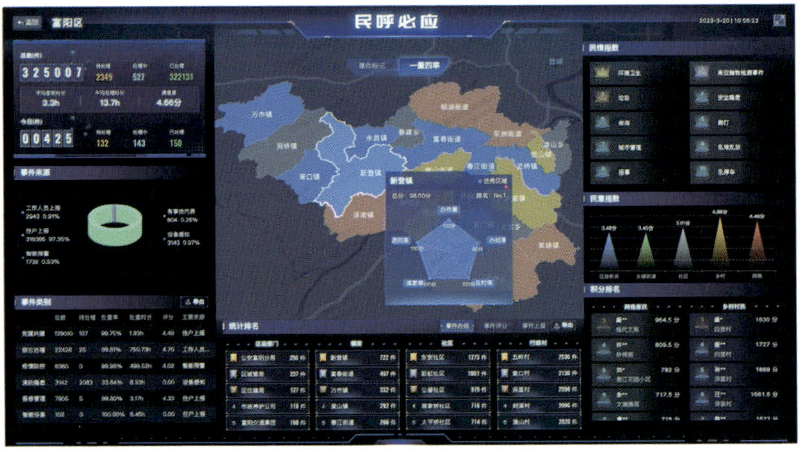

富春智联—民呼必应驾驶舱

实现路径

富阳区通过全面整合市场、社会、政府三方资源力量，组织全区所有65家区级部门、24个乡镇（街道）、335个村（社）和78家小区物业服务企业，动员460余家公益慈善和服务类社会组织、2 000余家个体工商户入驻“民呼必应”应用场景，形成“市场服务为主、社会组织协助、党委政府兜底”的多元共治格局。居民群众具体操作突出便利性，只需4步，随手写、随手拍，就可以将身边发生的任何问题一键提交，办理进度与结果可实时查看，清晰明了。同时，配套推行首问负责、即时响应、限时办结三项机制，有效精简办理流程，缩短办事时间。

村民展示富春智联“浙里办”用户端

初步成效

“民呼必应”应用场景已在全区335个村（社）全面推广，覆盖居民群众61万余人，办理群众诉求达32.5万件，日均办件量达900件左右，群众诉求平均办理时长在17小时左右，95%以上的诉求在“源头”快办快结，居民群众满意度达到五星级。

富春智联—民呼必应事件处理

农村饮用水智能化管理平台

临安区

聚焦痛点

通过农村饮用水3年达标提标行动，全区形成了5座城镇水厂、12座联村水厂、110座单村水站的供水格局。农村饮用水工作虽然取得了一定的成绩，但由于临安地域面积广阔、人口居住分散等原因，量大面广的供水站点要实现精细化管理存在一定难度；同时，随着农村生活水平的提高，居民对供水水质和供水服务的要求不断提高。

天目智水驾驶舱

实现路径

开发农村饮用水智能化管理平台。一是搭建数字信息网。建成城乡供水管网地理信息系统。完成2 915千米管网、7.4万只水表、5 733只控制阀门的地理信息定位，精准度达到厘米级，管网资产覆盖率达100%，完成7.4万用户信息的收集。全面完成12座供水厂站智慧化改造，实现联村供水智慧厂站全覆盖。在厂站周围设电子围栏，内部安装跟踪监控，建成覆盖全面的“鹰眼”监控系统。完成10个水质监测点、260个流量监测点、108个水压监测点感知设备布局，实现管网全范围监测。二是开发智慧大脑。通过V型建模，制度重塑，建成“天目智管水务”平台，主要由三大体系构成。数据集成体系，由营销管理、生产调度、地理信息等12套底层数字化系统及1套协同整合平台构成；数字模块体系，建成7.4万用户信息库、管网资产全覆盖的地理信息系统、12座联村供水厂站智能化建设等7大数字信息模块；应用场景体系，开发出智慧厂站、智慧调度、表后服务延伸、计量漏损管理、“零次跑”服务、爆管应急响应、二次供水管理等9项智慧应用场景。

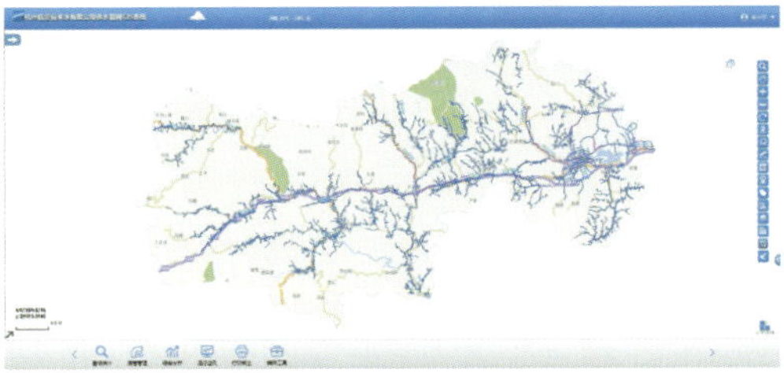

供水管网地理信息系统

初步成效

一是远程查看立体化。通过“鹰眼”监控，远程实时查看水厂、供水水源地及周边高清图像，做到安全监管无盲区。二是实时管控自动化。数据秒级上传更新，实时掌握用户用水现状、主干管运行压力值、水质指标等信息，实现自动调节进出水量、自动投放消毒剂、自动关阀、自动报警。三是表后延伸个性化。平台实时分析用户用水情况，如发现用水异常，第一时间同社区沟通，上门查看。四是爆管响应智能化。全力打造“半小时速达圈”。一旦爆管，10秒精准确认警报位置，1分钟内自动派单抢修，第一时间到达现场，抢修时间平均减少20分钟，综合阀门超关率显著降低，用户投诉大幅度减少。五是漏损分析精准化。通过DMA分级分区管理，精细到每个小区，实现地下数据智能化分析和计量控漏，降低管网漏损率。六是网上办理便捷化。通过全流程数字化，实现11项个人供水相关业务、9项企业供水相关业务全部“网上办”“零次跑”。

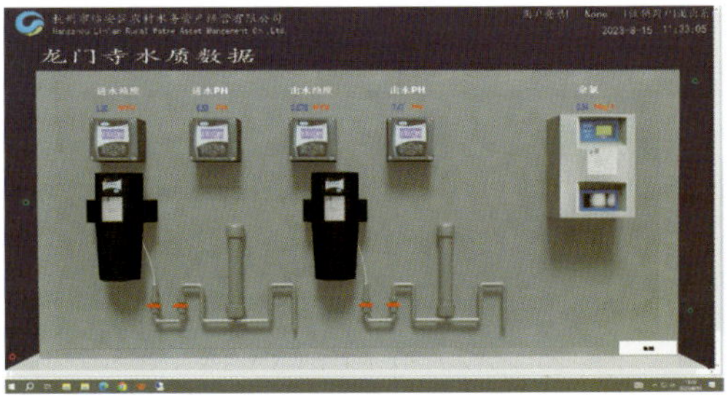

联村水厂自动化管控

农房“浙建事”全生命周期综合服务应用

临安区

聚焦痛点

临安区有270个行政村、36个社区，长期以来，农村建房“批少建多”“批低建高”、未批先建、风格杂乱等问题始终难以根除，建房邻里纠纷多、村庄风貌管控难。

农房“浙建事”驾驶舱

实现路径

一是突出数字赋能。临安区自2019年开始探索农民建房“一件事”改革，扎实推进数字化改革，创新打造农房“浙建事”全生命周期综合管理服务应用场景，运用数字化改革V字模型方法，围绕农房全生命周期，梳理核心业务，逐级拆解至最小颗粒度，涉及二级业务6项、三级业务28项、四级业务208项。二是创新监管模式。首创“三带图、四到场”监管机制，要求农房须带图审批，农村建筑工匠须带图施工；政府工作人员在带图验收中须“基础放样到场、基槽验线到场、施工过程到场、竣工验收到场”。三是便民惠民服务。为建房户提供免费图集、免费改图、免费测绘、免费代理办证，为每个建房户减省7 500元。与临安农商银行、中国人寿等金融机构合作，提供“安居贷”和建房人身意外险，已发放建房贷款200余户、3 000余万元；保险办理全覆盖，保费最低的优惠至500元/户。

传感器监测一张图

初步成效

一是建房资格智能审。打通公安、民政、规资等5个部门12个数据接口，归集数据250余万条，实现数据自动收集、建房资格实时比对，建房申请从原来的18份材料减少至“零材料”。二是建房审批数据跑。将农民住宅建设的规划、土地手续审批下沉到所在地镇（街道）政府审批，建房现场踏勘、审核、公示3项职能下放至村委会，6项审批流程归并为3项，审批时间从47天减少到9天。三是违章建筑云上管。严格落实“三带图、四到场”监管机制，通过安装高清摄像头，对在建农民房实施全方位、多角度、全天候的动态视频监管，形成以人工巡查为主、视频监管为辅的监管新模式。通过购买测绘服务，全程参与“四到场”监管，利用“四到场”测绘成果等在线管理的累计数据，实现农村宅基地及房屋依申请“零材料”办证。

农房“浙建事”服务端

气象数字监测服务平台

临安区

聚焦痛点

临安区是全省唯一有两大暴雨中心的县级行政区，局地强降水引发的山体滑坡、小流域山洪、泥石流等灾害频发，近几年通过对气象监测网的升级，已经能够有效监测到各类气象灾害。但由于之前监测信息、预警信息、灾害信息发布和传播机制不够完善，制约了决策部门的防灾救灾指挥和群众的自救互救能力。

实现路径

深化自动报警、主动叫应，解决气象报警及时抵达问题。一是不断完善自动报警机制。升级系统自动报警模块，在雨量或风力超阈值时，自动向相应村、镇（街道）的部门责任人发送实况和预测报警短信。二是确保“点对点叫应”提醒。全省率先常态化运行“梯次化”预报预警叫应业务，打通“区级－镇街－村社”一体化预警渠道。当上游出现强天气时，提前发布“高影响天气监测报告单”；发生强天气影响时，电话叫应区、镇（街道）领导和防汛指挥办值班室。

深化精细通报、自助查询，解决灾害气象预警有效应用问题。一是建立预警通报工作规范。按暴雨预警信号级别，不同频次通报天气灾害实况和未来预报。实况颗粒度精细到行政村，预报颗粒度精细到影响乡镇。二是打破气象预警跨行壁垒。通过“+气象”方式，将气象灾害风险普查成果融入应急、水利、规划与自然资源等部门联动预警平台。

不同群体制定不同对策，确保预警信息有效接收。一是深化全区推送。及时更新全区预警信息和实况报警联系人名单，完善面向各级决策人员的预警信号发布机制。二是注重靶向发布。瞄准山区、农村等本土地域需求，共享部门信息“节点树”，通过应急广播终端系统3 821个大喇叭自动发布关键预警信息，解决预警接收“最后一公里”问题。

初步成效

预警信息精准力有效提升。一是全力覆盖。临安2022年共发布307个预警信号，最大限度为天气灾害发生可能性“兜底”。二是减少遗漏。新建的X波段双偏振雷达作为对大明山天气雷达的补充，进一步实现灾害性天气风险识别、风险研判的早预警。

预警信息服务能力显著加强。一是增加提前量。自动报警系统在短信报警的基础上增加高级别报警时的自动语音呼叫应急联系人功能，短信的内容在实况报警的基础上增加未来1小时雨量预测，提高临近预警针对性。二是提升抗灾力。2022年汛期，自动报警系统发布报警短信13.5万条，“点对点”服务镇村及相关部门责任人300多人次，大喇叭发布橙色及以上强对流灾害预警27次。推进灾害性天气风险管控、风险处置早行动。

实况警报短信自动发布系统

华数游字广播预警发布系统

高影响天气监测报告单和预警信号在防汛决策群

地质灾害精细化管理平台

临安区

聚焦痛点

临安区是浙江省50个地质灾害重点防治区县之一，由于其独特的山区地形，两大暴雨中心带来的局部地区强降雨天气，以及与日俱增的人类工程活动，造成地质灾害防治形势十分严峻，给人民群众的生命财产安全带来隐患。

地质灾害精细化管理系统驾驶舱

实现路径

一是数据集成，分析灾害风险。集成风险区、灾害点、气象、监测点、应急设施、管理人员与面临潜在灾害威胁的人员信息数据，综合分析灾害风险并提供实时信息服务。二是实现灾害自动预警。在专业监测数据积累基础上，结合气象降水、岩土体特性、地质灾害风险、群测群防等信息，研发基于数据驱动的地质灾害模型，实现地质灾害专业监测自动预警。三是构建风险防控系统。结合农村现状，建立区、镇、村多层级地质灾害精细化管理系统，全景呈现隐患点村情村况，实现一张图监控、一张图分析、一张图调度、一张图决策。

初步成效

实现对全区1 250平方千米的4 500余处地质灾害风险防范区，以及6.7万人的全区地质灾害风险防范区信息化全覆盖，构建形成区、镇、村多层级地质灾害精细化管理系统，为监测、预警、决策提供精准分析和处置。

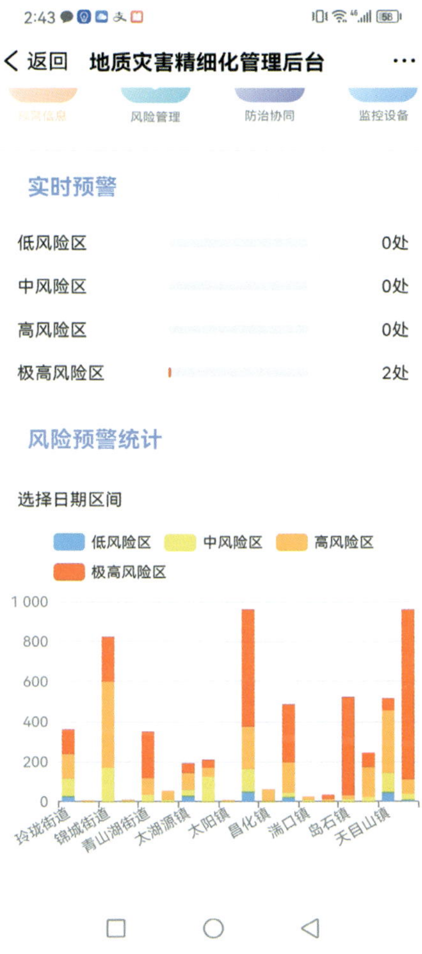

后台管理

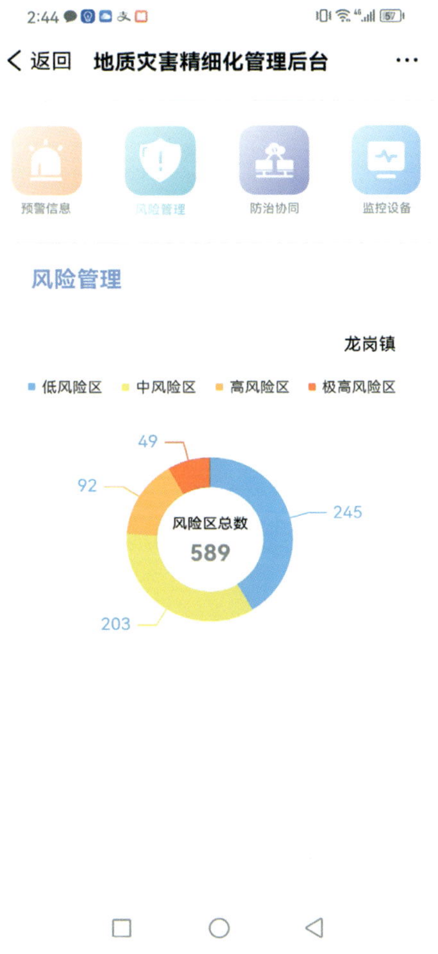

后台风险管理模块

临安“互联网+”医疗

临安区

聚焦痛点

临安区位于浙江西部，山区群众存在就近看病配药检查难、小病未病预防发现难、失能老人居家护理难、签约医生优约优服务难“四难”问题，期盼就近看好医、配药更方便、体检送上门、签约服务更优质“四个期盼”。聚焦“四难”“四盼”，创新推出“乡村医疗优质共享”改革。

临安区中医院医生通过“临医在家”可视化诊疗平台为板桥镇花戏养老服务中心的老人们看病

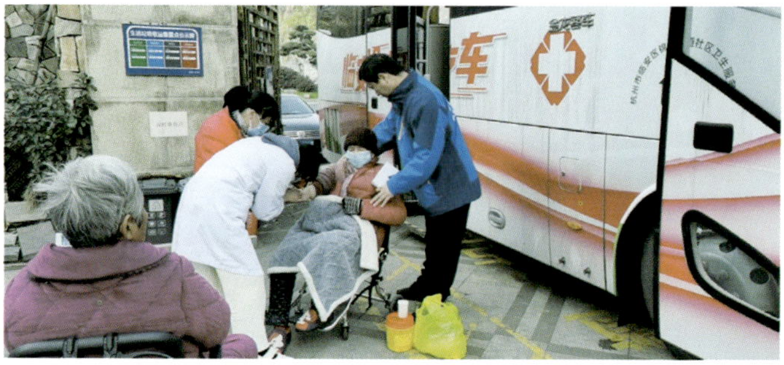

天目医享团队及家庭签约医生在小区巡回诊疗

实现路径

一是打造行走乡间的“智慧流动医院”。整合“区、镇、村”三级力量，创新组建由“医共体”牵头，医院专科医生、乡镇卫生院全科医生、村卫生室乡村医生组成的“1+1+1”服务团队，固定包干到村，向全区165个行政村开展“1+8+1”定时定点综合巡回诊疗服务。二是打造足不出户电视问诊。链接“互联网诊疗”“云药房”“华数电视”三大系统，建立牵头医院、卫生院、老年人照料中心（失能、半失能家庭）三级联动的“临医在家”可视化诊疗平台，老人在家点开电视就能咨询、问诊、配药、送药上门。三是创新推进“数字家医”。建立全人群集“健康指数、健康画像、健康报告”为一体的“3D数字健康档案”。绘制全区疾病谱，为疾病早期干预、医疗资源合理布局、学科建设提供依据。上线“AI慢病助手”应用系统，对6.8万名“两慢病”患者实施路径化、可视化、“红、黄、绿”三色管理。四是重塑新型“赤脚医生”。采取“学校+师承”定向培养“本土乡村医生”、“巡回+带徒”实践培养“流动乡村医生”、“晋升+下沉”服务建立“专家乡村医生”举措，培育“正规型、专科型、亲情型”新型乡村医生队伍。

杭州市互联网诊疗平台

改革成效

通过改革重塑家庭签约医生管理体系，实现从“签而有约”向“签而优约”转变。重塑山区群众看病模式和诊疗服务模式，实现从“病人上门找医生看病”向“医生上门主动服务病人”转变。重塑健康管理模式，实现从“人管健康”向“数管健康”转变。重塑医疗资源配置方式，实现从“单一诊疗”向“组团共诊”转变。

民宿通文旅融合示范应用

桐庐县

场景简介

桐庐县立足乡村资源盘活利用，精心谋划和推进民宿产业发展，生动实践了“绿水青山就是金山银山”，全县已建成民宿特色村23个，培育经营户892户、床位14 986张，建成精品民宿154家。随着民宿产业的蓬勃发展，民宿同质化、营销松散、高抽佣、缺创新、缺品牌、缺人才等主体经营难题，难找空房和缺导览、导游、导购一站式服务等游客游玩难题，农

监管驾驶舱

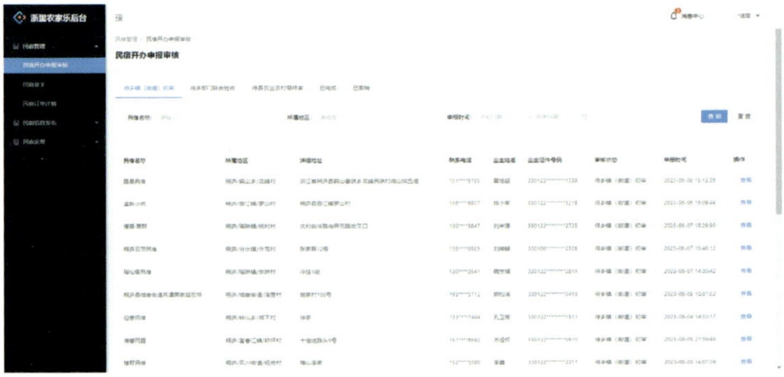

管理后台

业农村、市场监管、公安、消防、卫健、文旅等多个部门管理难题逐步凸显。因此，建立一个聚焦主体经营、游客游玩、政府监管的完整闭环平台成为民宿产业发展的新需求。

实现路径

一是开办申请流程重塑。以数字化手段，通过出台民宿规范文件，以“最多跑一次”改革为抓手，推进民宿开办一件事数字化服务。二是房间预订线上化。入驻民宿均以可视化展现，如民宿的整体环境、房间情况、周边配套游玩资源等。实现智能匹配、快速搜索、直接下单。三是政府监管智能化。通过业务系统闭环打通，完全掌握民宿产业相关数据，实时监管行业动态，高效为主体提供各种服务。四是营销数字化。利用大数据分析技术精准描绘游客画像，并针对其特征开展丰富的运营活动。

初步成效

民宿通提升了桐庐县民宿产业数字化水平，通过民宿开办一件事线上平台缩短了民宿企业办证流程，提高了政府办事效率。民宿开办一件事通过跨部门联合，打通各自系统孤岛，实现线上快速办理。截至2023年8月，通过民宿开办一件事办证企业达160余家，简化了民宿企业主的办事流程。民宿通通过小程序方式提供线上民宿订房平台，解决游客找房难、民宿主推广难的问题。截至2023年6月，民宿通已入驻民宿350余家，覆盖全县各个乡镇，游客下单2 110单，下单金额1 338 526.78元，为民宿主提供一个新的流量推广渠道。

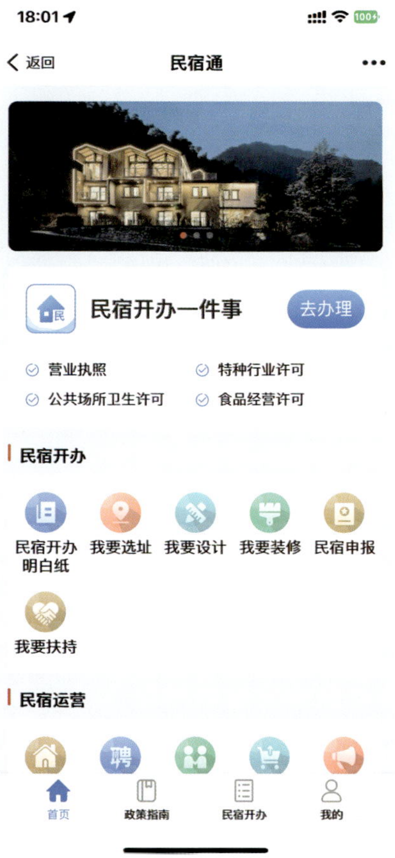

民宿通应用

合村乡一氧化碳监测云平台——“暖宝卫士”

桐庐县

场景简介

合村乡地处偏远山区，常住人口4 429人，其中60岁以上老年人口占比超50%。每年冬天都会发生老人在家烤火取暖导致一氧化碳中毒事件。为此，合村乡借助数字化手段，为空巢老人等弱势群体家庭安装一氧化碳监测系统，着力破解烤火取暖安全问题。

一氧化碳监测系统

实现路径

一是组织驻村干部开展“暖宝进家门”活动，重点走访辖区孤寡老人、残障人士等弱势群体，详细讲解“暖宝卫士”设备功能用途。二是针对农户住房结构、身体状况等情况，经农户本人同意，对需要安装设备的农户进行信息登记、备案入档。三是联合公司配备一氧化碳监测系统，让智慧安防设备入驻农户家。四是启动含一氧化碳报警器和语音设备的“暖宝卫士”系统，远程守护群众生命财产安全。通过信息指挥平台，一旦发现农户在密闭环境中长时间烤火，指挥室值班人员将第一时间通过远程连线设备与农户进行语音对话提醒。当农户家中一氧化碳浓度超过0.02%时，将自动触发一氧化碳报警器，提醒农户做好开窗通风等措施。

“暖宝进家门”信息指挥值班室

初步成效

自“暖宝卫士”平台上线以来，发现并有效处置各类问题32个，有效防控险情17起；截至2023年6月，全乡未发生一例一氧化碳中毒事件，有效保卫了山区人民的健康安全。

语音对话提醒

“两山合作社”数字应用场景

淳安县

场景简介

为贯彻落实“绿水青山就是金山银山”的重要论断，将淳安县2 000余亿元的GEP生态优势转化为生态经济优势，淳安县创新打造“两山合作社”应用场景，集成生态资源资产上传、分析、交易等功能，解决生态资源资

“两山合作社”信息平台

绿水青山

产难交易、难变现问题，提升政府管控生态资源资产能力，推动“绿水青山”到“金山银山”的转化，助力农村居民增收致富。

实现路径

一是生态家底“一目了然”。创新生态资源资产摸排渠道，全面开展生态资源普查、登记，并引导村集体和村民将闲置农田、林地、农房等资源上报“两山合作社”运营管理。二是项目评估“一键分析”。按照生态环境、产业集聚、配套服务、多规融合、GEP五个维度，对生态资源所在区域的绿色投资潜力进行动态赋分，帮助项目开发单位掌握更加全面精准的决策信息。三是资源交易“一网办理”。依托浙里办App打造生态资源交易平台，编制标准化生态资源电子交易合同，并会同支付平台、银行合作打通支付渠道，有力提升线上交易便利性和安全性。四是运营态势“一屏掌控”。打造“两山”转化效益评估报表，围绕生态效益、经济效益、社会效益三个维度，构建转化项目绩效评估体系，实时跟踪“两山”转化项目建设进度。

初步成效

“两山合作社”建设至今，已归集生态资源资产964项，推动落实转化项目172项，带动项目投资30余亿元，带动村集体和村民增收5 000余万元。同时，该项目于2021年被列入第一批省级数字政府“一地创新、全省共享”应用，还被纳入2022年全省重大改革（重大应用）“一本账S2”；“两山合作社”相关做法在生态环境部、财政部等新闻官网刊登报道。

“两山”银行服务端

“伊加工”应用场景

淳安县

聚焦痛点

淳安县来料加工产业经过20年的发展，已经成为本地留守妇女、老人在家门口就业增收的重要途径，但在改革发展过程中，发现试点地区仍存在市场信息不通畅、政府管理不高效、资源配置不合理等一系列问题，就业增收渠道急需拓宽。

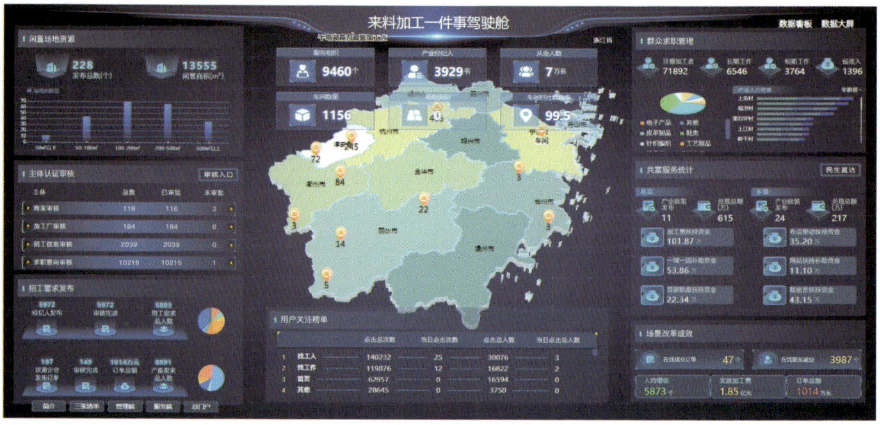

伊加工驾驶舱

实现路径

“伊加工”应用场景建设基于来料加工业务需求，是国内首个来料加工助力共同富裕应用场景。一是聚焦政府、货源企业、经纪人、加工者四类用户需求，通过在线沟通、消息推送、一键拨打等功能模块，实现信息交互。二是通过人力资源、在线培训、计件记账等模块，帮助经纪人便捷获取各类资源。三是建成的店铺、商城，帮助货源企业全方位了解加工点规模、产能、技术等订单要素，进而达成交易。四是帮助各地政府部门发布项目招引需求，提供租金减免、闲置场地、税收减免等优惠条件。同时，支持政府对各地加工点的信息进行认证审核，归集当地来料加工产业驾驶舱的数据，帮助政府部门精准施策。

伊加工　助共富

初步成效

通过“信息流改革、业务流改革、标准化改革”，推动了来料加工向“订单选择更多、沟通合作更快、管理质量更好、时间精力更省”的整体跃升。截至2023年6月，该应用浙江省内注册用户已达8.5万余人，已注册村级管理员账户1万余个，占全省行政村33%。淳安县已实现337个行政村全覆盖，用户5万余人，占全县总人口的16%。

麦腾生态农园数智订单农业

钱塘区

场景简介

麦腾生态农园位于钱塘区新围村，以打造“订单农业”“精品农业”“生态农业”“休闲农业”为目标，探索农文旅融合、“旅因农附”型的共同富裕经典样板，具有较强的可推广性和可复制性。项目已建成市民认领区、特色采摘区、农耕教育区、观光体验区、科研试种区、休闲娱乐区等核心内容板块，打造集生产、教育、科研、旅游为一体的新型都市农园。在这里，农民变为技术员、指导员、服务员、管理员，市民从被动的农产品消费者，变为生产者、监督者、宣传者，实现城乡交流、三产融合、农民增收、市民乐享。

未来农场监测平台

实现路径

一是构建农园智慧系统。实施水肥一体化项目，建立作物生长监测体系，精准把控作物生长情况，实现农业信息精确管理，种植方案精准设计，农情信息精准诊断，作物生产力精准预测，管理方案精准作业。二是提供可视化认领服务。客户对认领土地可线上实时查看，并对产品进行溯源登记，客户通过二维码可以及时了解产品生产加工全过程。三是打造智慧农业样板。提供品种规划、智慧系统搭建、技术培训等服务，全过程为其他同类型农业基地赋能。

麦腾生态农园

初步成效

搭建农园基地智慧农业实用样板，实现作物监测实时化和智能化，降低了人工成本和管理成本。同时，以“订单农业”为核心的麦腾模式，截至2023年6月，已签约订单式客户600个，为客户创造都市健康田园生活。

认养种植大棚

DIGITAL

ZHILILEI

治理类

瓜沥镇“沥家园”

萧山区

案例简介

萧山区瓜沥镇的“沥家园”，是一个以数据集成为支撑、通过积分制实现管理者和村民良性互动的全新村务共享平台，搭载着“数字翅膀”，开启

航民村“沥家园”

七彩社区党群服务驿站

了共建、共治、共享的基层治理新格局，打通了“数字赋能基层治理”的“最后一公里”。

实现路径

一是构建镇村户一体化的“沥家园”数字治理系统。治理端驾驶舱实现对村情数据一屏掌握，手机服务端归集20余个便民服务应用，线下“沥MALL”打造多功能复合的服务体验空间。二是建设全覆盖场景。“沥家园”在全镇74个村社全覆盖，村民通过信息“一键达”、任务“一键抢”、办事“一键通”等功能，实现网上掌握村情、参与活动、办理事情。三是建设全串联的积分体系。村民参与垃圾分类、村社活动、遵守村社管理可获得“沥家园”积分，形成对正向行为的激励，积分可用于礼品兑换、评先评优、政策礼遇等激励措施之中。

初步成效

一是村庄治理更有效，实现了上下渠道畅通，信息“一键达”。二是村民参与更积极，实现了线上线下互动，任务“一键抢”。三是美丽乡村漾新风，实现了小积分大效应，撬动主人翁精神。平台通过多方协同、数据真实可信、全过程监管等特性，让社区自治更加深入基层管理单位与民众，体现数字经济时代家园风采，为创新治理方式、提高治理效能实现真正意义上的科技赋能。

“沥家园”—“一键达”

临浦镇“临云智”

萧山区

聚焦痛点

临浦镇通二村下辖7个自然村，共有农户552户，企业150余家，出租房1 000余间，外来人口2 900余人。其人口多、流动性大，治安乱、警情高发，导致该村社会治理存在许多难题。在乡村治理中，村民诉求解决慢、村级事务参与少、信息沟通耗时长，以及基层底数不清、数据不实、重复劳动等问题仍层出不穷，急需梳理整合及提升。

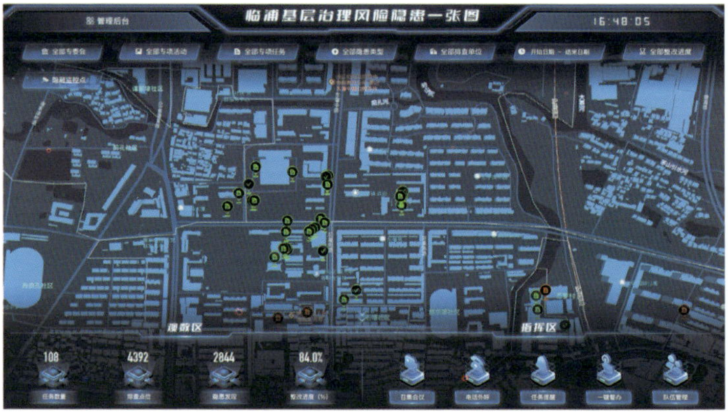

驾驶舱

应用场景

实现路径

“临云智”通过不断地完善升级，深化数字赋能场景，形成“1+5+N”数智治理体系。“1”指1个仓——临浦镇数据仓；“5”指五大数智领域，分别为智治行政、智守平安、智助发展、智享服务、智慧生活；“N”指多元化的应用场景模块，功能覆盖隐患排查、资源管理、巡逻日报、平安学堂、志愿活动、积分有礼等，综合集成网格治理、服务群众、应急响应等职能，实现数据贯通、事件处置贯通、场景应用贯通，在基层智治中尽展临浦风采。

初步成效

截至2023年6月，“临云智”已有用户6万余人，日活跃人数达12 500余人次，处理事件累计数据48 800余件，开展平安巡逻25 600余次，累计学习达267 900余人次，公益类活动累计参与49 300余人次。平安建设方面，依托“临云智”累计开展防汛、消防、住宿业安全等任务39次，排查点位5 479个，发现风险隐患954个，整改677个，处理率100%，整改完成率71%。“临云智”构建了基层乡村治理新型“临里”关系，推动数字化改革在政府、网格和群众日常生活中落地生根，释放更多“数字红利”。

“临云智”服务端

宁围街道“宁聚蓝”

萧山区

聚焦痛点

萧山区宁围街道下辖22个村（社区），有户籍人口约4.8万人，实有人口达19万人左右。为解决信息统筹共享难、治理力量发动难、事件联动处置难、公共服务落地难、队伍监督考核难五个街道社会治理难题，打造了“宁聚蓝”平台，实现了确保公共安全、延伸公共管理、探索公共服务的目标。

“宁聚蓝”驾驶舱

实现路径

“宁聚蓝”平台构建了“1+N+X”智慧应用模式，即1个街道级智慧治理平台、10个智慧应用模块、36个智慧应用场景，为推动宁围街道社会治理编织了一张智慧、高效、精细之网。

指挥调度场景

初步成效

一是上下互通，实现基层治理一网覆盖。对上打通区基层治理4个平台及平安村社、交通小脑、智慧城管、智慧消防、垃圾分类、五水共治等8个区级平台，对下融合各智安小区及辖内治安监控、消防物联设备、高空全景探头、智能球机、单兵监控、车载监控等各类智能“触角”，打破传统信息孤岛，实现社会治理全要素集聚。二是数据助力，推动“智慧促和”精准精细。三是场景应用，达成事件闭环高效治理。平台实现“一张三维图掌控全局、一个大平台多方协同”，满足社会治理多个场景需要，积极实践“感知+智能+治理”的社会治理新模式。

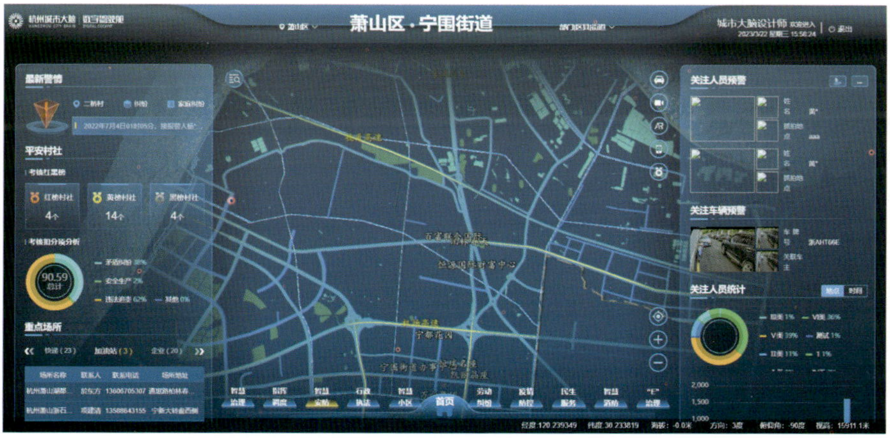

智慧安防场景

西溪源村“乡村微脑”

余杭区

场景简介

西溪源村东邻小和山高教园，南邻午潮山国家森林公园，西邻闲林水库，面积约9.8平方千米，本村户籍人口约2 700人，外来人口近万人。随着人口的增加，该村对能够提供更好的治理和服务提出了新的要求，依托原有的网络基础，开发并投入使用西溪源村“乡村微脑”，在此基础上开展乡村数字治理和服务建设。

西溪源村“乡村微脑”

实现路径

一是数字管理。通过建设一户一码、一物一码应用，将村内人和物的资源信息建档入库；同时，对接现有数字驾驶舱实现一图感知、科学决策、智慧管理，完善并提升西溪源村“乡村微脑”。数据驾驶舱将农村数据上图，通过数据智能分析全面掌握乡村发展情况，实现管理到村、互动到人，为政府决策、职能部门管理提供“一站式”支持，赋能指导和决策。二是数字监测。西溪源村拥有饮用水水源水库，村委便成了水质安全监管的第一责任人，在饮用水水源处，安装水质、水流量一体化监测终端，监测水环境，如温度、pH、电导率、溶解氧含量、浊度、水流量、水流速、水位等数据，太阳能供电，通过无线网络传输至智慧管理后台，24小时在线监测，实时了解饮用水水源环境数据。村庄环境监测，杜绝秸秆焚烧和有毒有害气体排放，对村庄环境气体异常情况进行常态化监测监管，部署安装环境气体异常监测一体机，产品内部安装进口气泵，通过产品顶部的导气罩向内部抽气，输送到颗粒物监测仪进行实时快速监测分析。三是景点服务。根据网红打卡点午潮山入口及沿线茶园处数字化监控提升实际需求，新增视频监控15路，接入管控平台，实现午潮山入口及茶园网红打卡点监控基本覆盖，保障游客安全，提升管理效率。视频监控点位基于GIS地图的精确定位和直观展示、视频监控画面的实时调取，给游客营造一个安全、舒适的旅游环境。在重要景点、区域隐藏部署室外无线AP，基于信道自动选择、功率线性可调、设置信号阈值等功能，在景区保障Wi-Fi信号流畅稳定，提升村民生活和游客游玩的体验。四是资源配置服务。利用移动互联网优势，将线上与线下相融合，建立西溪源村闲置资源（土地、房屋、人力、技能、工具等）的管理平台，让闲置资源共享，双方按意愿“接单”，节约双方沟通成本，最大化节省双方资源与时间，降低各种资源要素的闲置浪费，扩大整体收益。

环境监测一体机

一体化监测终端

家和智联

富阳区

场景简介

以富阳区社会风险研判处置平台为依托，以日常实际共同居住作为家庭标准，利用大数据、云计算对全区家庭精准分析、精确预警，实现婚姻家庭矛盾纠纷“未病先防、既病快治、愈后防复”。

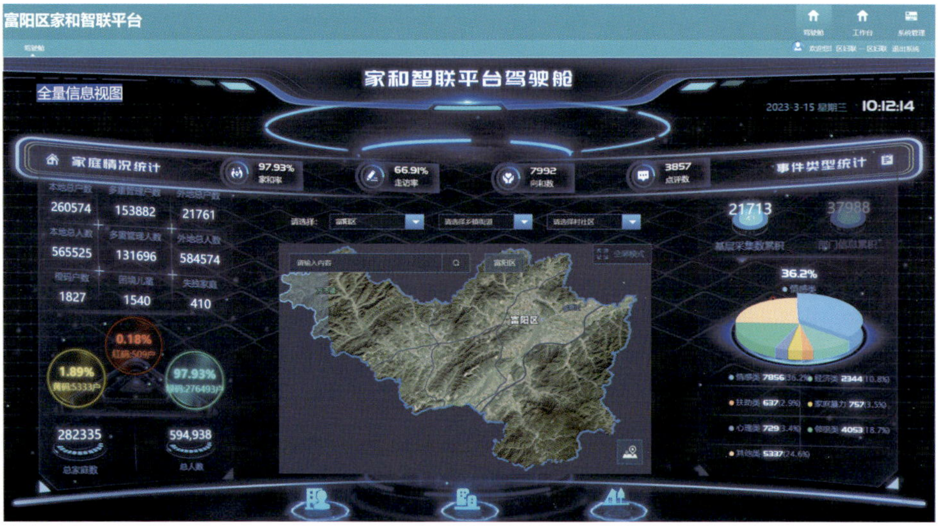

家和智联平台驾驶舱

实现路径

一是建立家和智联驾驶舱。实行动态、分级管理，全面呈现全区家庭红码、黄码、绿码总体情况及实时变化情况，并按照不同层级、不同岗位严格区分权限，最大限度保护数据安全。二是建立家和智联共享云。以家庭情感类、经济类、扶助类、家庭暴力类、心理健康类及其他类六大类婚姻家庭矛盾纠纷为界定内容，通过手机端、电脑端汇聚数据，达到跨部门、跨业务、跨区域的数据协同，实现精准分析、精确预警。三是建立家和智联操作台。以建码、管码、解码为基础环节，在平台上产生红码、黄码的判定信息、严重程度、解码措施、转码过程等，通过过程管理，综合研判一个村（社）、一个乡镇（街道）各类婚姻家庭矛盾纠纷的集中点、隐患点和需求点，及时推动问题解决。

家和智联基层信息采集

初步成效

截至2023年3月15日，已经建立全区家庭档案282 334户，基层采集和部门推送的矛盾信息59 701条，制定一户一策解码要求36 963条，全区家和率达97.93%。

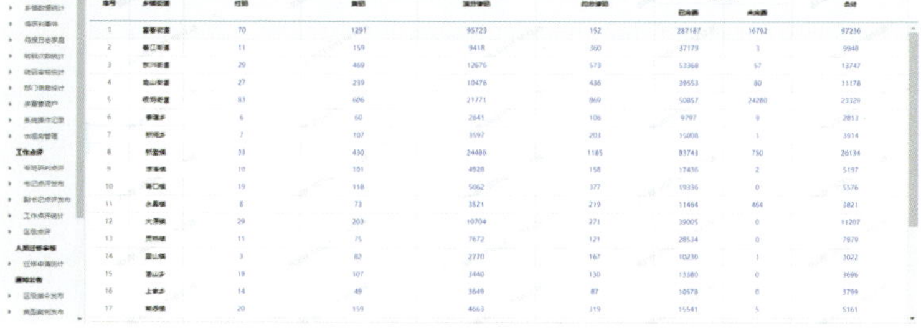

家和智联后台

村社共享法庭

临安区

聚焦痛点

当前，基层解纷队伍能力不能有效满足乡村社区对司法服务的需求。基层群众对智能解纷平台不熟悉、不了解、不敢用，推进数字乡村法治治理遇到挑战。法院与基层之间缺少互动，法治数据未能精准匹配至属地。

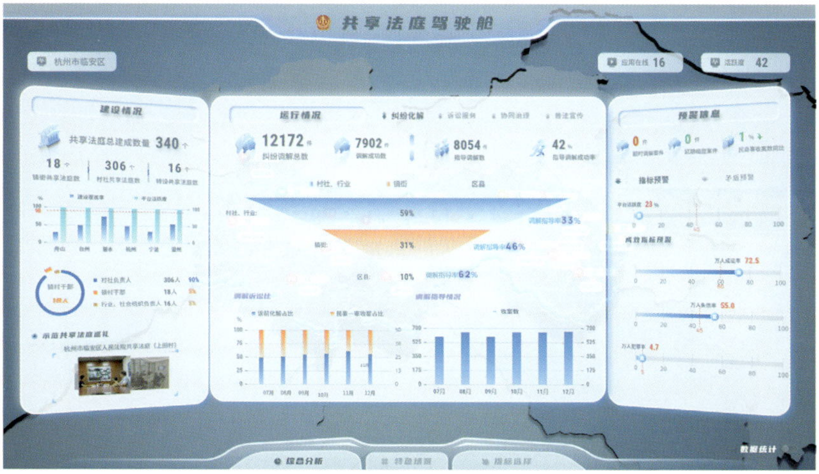

共享法庭驾驶舱

实现路径

一是强化诉讼服务功能，围绕打通司法服务“最后一公里”，打造共享法庭智慧协同系统，架起数字桥梁，突破时空制约，拓展服务内容，把调解指导、纠纷化解、线上诉讼、普法宣传等司法服务送到群众家门口。二是强化纠纷化解功能，优化多元化解机制，深度融入三级社会治理中心，通过法官指导补强专业能力短板，推动实现“一般纠纷就地调、复杂纠纷指导调、涉诉纠纷联动调”，助力构建“136”工作格局。三是强化基层治理功能，开展庭审直播、调解直播、现场授课，以共享法庭赋强基层自治基础、强化法治保障、引领德治风尚。打造共享法庭驾驶舱子场景，服务基层分析预警，通过构建预警中心和推送法治报告，让共享法庭庭务主任充分了解辖区法治情况，治已病、防未病。

上田“共享法庭”远程调解因燃放烟花爆竹引发的侵权责任纠纷

初步成效

共享法庭工作先后得到各级领导批示肯定，浙江省委办公厅和浙江省政府办公厅发文全省推广。截至2023年6月，全省村社共享法庭已成立21 600余家，覆盖率达97%以上。2022年，全区通过“共享法庭”在线调解、网上庭审2 432次，诉前成功化解纠纷3 410件，累计为当事人节省案件受理费300余万元。

上田“共享法庭”

新临居数智平台

临安区

聚焦痛点

近年来，随着临安撤市设区、融杭发展进程不断加快，不断增加的流动人口和出租房屋数量成为基层社会治理的重点和难点。流动人口底数难以摸清、动态难以掌控，为治理带来不小的风险挑战。

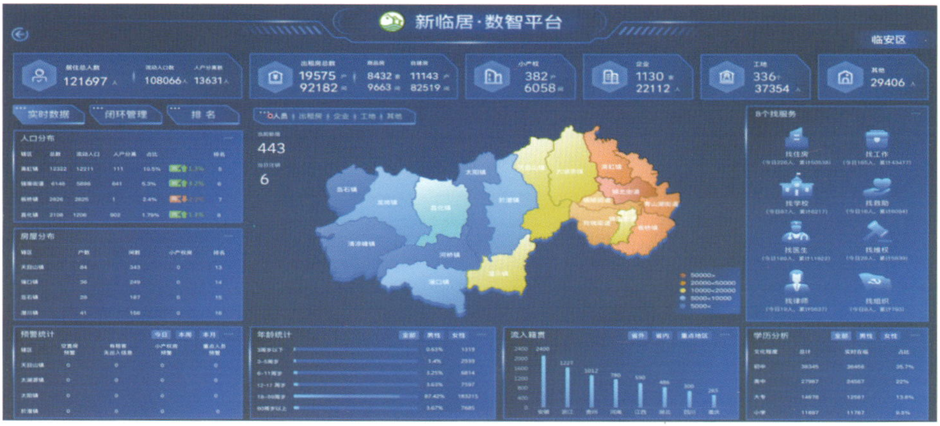

新临居驾驶舱

实现路径

一是精密智控。通过手机扫描二维码，录入“两照一号”（身份证照片、人员近照、手机号码）三步即可完成居住信息申报，推行“租客和房东自主申报、村社干部或网格员审核、派出所核准、镇街实时掌控、政府精准监管”五步闭环管理。二是精益服务。坚持以人民为中心理念，紧紧围绕“新临安人”在临安的工作、学习、生活需求，将散落在各部门的面向新临安人的服务事项进行流程再造和整合集成，推出“找工作、找住房、找学校、找医生、找救助、找维权、找律师、找组织”的“八个找”在线服务功能。三是精准治理。搭建区、镇（街道）、重点村（社区）三级驾驶舱，实现三级驾驶舱的“五色”预警信息展示，实时掌控辖区出租房和新临安人相关信息，为政府决策和基层社会治理提供参考。

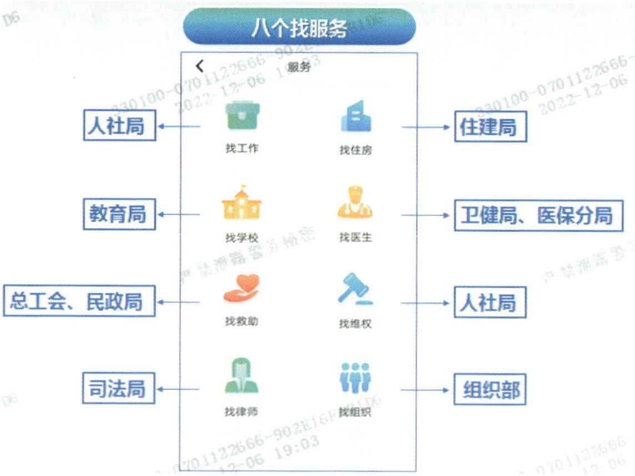

“八个找”服务

初步成效

为流动人口提供了便捷的居住信息申报方式，实现流动人口和出租房精密智控，应用上线以来，流动人口信息自主申报总量34万人次，登记率超98%；为新临安人提供综合性、一站式服务体验，累计提供服务16.9万人次；有效提高全民防范意识和社会基层治理水平，已精准推送预警信息180余万条，消除出租房消防隐患等问题2 186个。

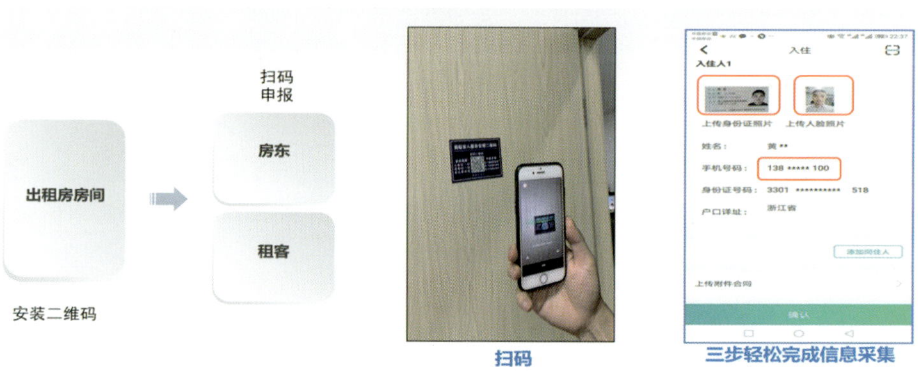

信息采集流程

“青和翼”全域智治管理平台

临安区

聚焦痛点

近年来，青山湖科技城高速发展的经济所带来的人口集聚、环境问题及辖区力量配比不足等痛点给基层治理带来了极大的挑战。

“青和翼”全域智治运营指挥中心

“青和翼”综合执法队伍统一行动

实现路径

青山湖街道围绕“县乡一体、条抓块统”改革试点要求，并以“基层治理四平台”迭代升级为契机，着眼党建统领、经济生态、平安法治、公共服务四条主线，全面深化“青和”品牌建设，重点打造“青和翼”全域智治系统。一是依托“青和翼”全域智治中心，贯通“基层治理四平台”、“雪亮工程”、应急指挥等系统16个。二是围绕“青和治”管理端，打造“五级金字塔型”网格治理体系，按照事件“四色”分类管理法，建立“1510”事件响应机制。三是突出“青山云”服务端，打造“云卫士”“邻里治”“青小翼”“青小服”等数字便民服务平台，推动共建、共治、共享社会治理新格局。

初步成效

截至2023年6月，通过“青和翼”系统处置事件65万余件，流转处置率达99.96%，普通事件处置效率提升近 60倍；“青山云卫士”已吸纳注册用户3.4万余人，“民呼我为”报料2.3万余件，开展巡防打卡10万余次，参与竞答知识5万余次；“青小翼”AI社工提升社区工作效能近80倍。2022年，“青和翼”项目获评浙江省基层智治系统第一批典型应用案例、浙江省数字化改革标志性成果推广项目。2023年，《浙江日报》刊发“先行·社会治理现代化的浙江实践”专版，以“‘青和’体系‘翼’以贯之，打造社会治理新名片”为题对临安区青山湖街道进行主题报道。

青山云卫士

“秀水卫士”场景

淳安县

需求分析

随着2019年9月29日千岛湖配供水工程的正式通水启用，千岛湖已成为杭州及嘉兴地区近1 400万人口的现实饮用水水源地，保障千岛湖饮用水安全成为摆在淳安县面前的重大需求。

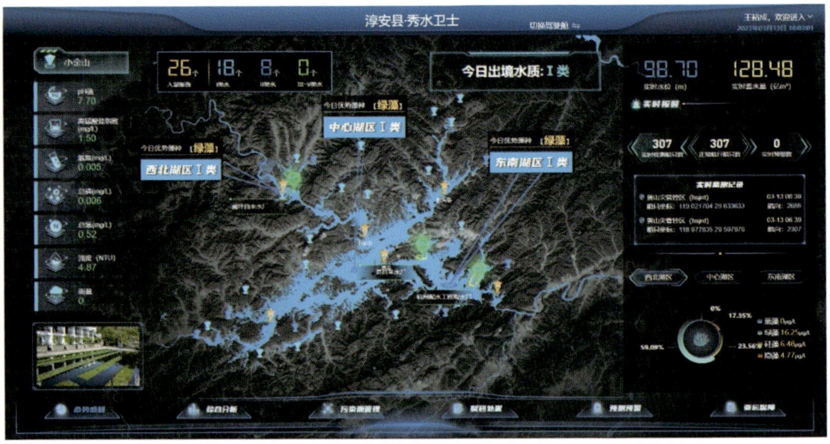

“秀水卫士”驾驶舱

实现路径

为进一步提高千岛湖饮用水安全保障的智慧化水平，淳安县以数字化改革为契机，打造了千岛湖“秀水卫士”场景。场景从事中状态感知、事前流域综合管控、事后全流程闭环管理三个维度出发，以水环境问题的“全域感知—预警研判—指挥调度—快速处置—督查督办”全流程闭环管理为主线，分为态势感知、综合分析、污染源管理、赋码处置、预测预警、亚运保障六大板块，在高标准保护上实现了多跨协同、流程再造、模式重构、制度重塑。

藻类剖面浮标

初步成效

“秀水卫士”场景共承接国家、省市回流数据84项，多跨协同县级公共数据100余项，涵盖生态环境、公安、水利、农业、住房和城乡建设、综合行政执法、气象等多部门。自上线以来，共闭环处置流域红色预警230次、黄色预警194次、水源地黄色预警2次。分析归纳问题，其中4项纳入省市“七张问题”清单库并全部完成整改销号，指导确定课题研究方向3个，2023年计划安排资金200万元用于专项课题研究。国内主流媒体纷纷对该场景的使用成效进行了报道。

水质自动监测站

“建村钉”

建德市

场景简介

建德市作为杭州市唯一列入全国首批乡村治理体系建设试点示范单位，也作为“乡村钉”全面落地全国第一站，迅速搭建乡村数字治理平台，实现村户全覆盖。

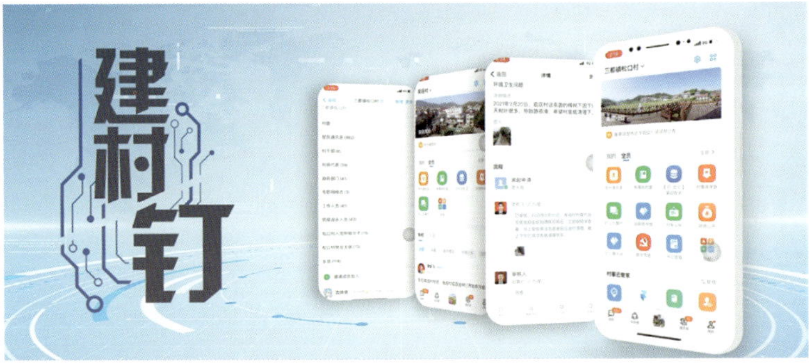

“建村钉”

“建村钉”获得浙江数字乡村金翼奖

实现路径

一是从村民可议到老百姓离不了。通过“建村钉”平台及时发布“四务”公开信息，让全体村民第一时间知晓村情动态。通过“有事找村里”等模块，实现事项、诉求“村民一键反映、干部秒回即办”，真正打通服务“最后一公里”。二是从村干部可办到村干部离不开。推出“钉上议事厅”，真正打破时间空间限制，实现“众人事众人议”。设立村事云管家、村集体审账、“钉·功分”等应用场景，成为村民自治、干部减负的有效载体。三是从市镇可管到市镇村都需要。将疫情防控、产权交易等整合到“建村钉”，让数据相互联通，更好地方便群众办事。持续推进“建村钉”平台迭代升级，全市入驻平台激活26.6万人，日活跃人数高达10.7万人。

初步成效

建德市获中国十大社会治理创新典范荣誉，2023年7月入选浙江省村社智治十大模式优秀数字化应用名单。

用户端

“共同富裕农房租”数字化管理

钱塘区

聚焦痛点

钱塘区2023年有3.7万户农居房，可出租农房超过8万间，有大量房源空置。与此同时，以制造业立区的钱塘，集聚了大量产业工人，职工租房成本高、通勤时间长、职住不平衡，而且现有农房租赁管理制度标准不完善，农居房出租没有中介参与，出租效率低且不规范，急需解决农户农房出租难、租客租房找房难、政府部门监管难等痛点。

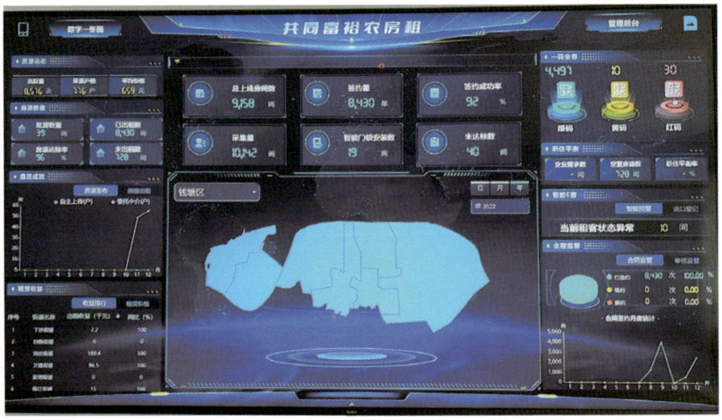

数字驾驶舱

塘巢公寓

实现路径

以闲置农房激活利用为突破口，集成农房农户租房一点直达、基层服务一体汇聚、市场活力一链激活、租赁需求一网衔接、政府监管一码全息等场景，全链条打通农房出租的各个环节。一是在供给端，通过定制出租房标准、增加村服务总台审核程序，严格规范入市前房源质量。二是在需求端，设置浙里办、小程序等信息展示端口，打通各大租房平台，为企业和租客提供多渠道的需求反馈、信息获取途径，构建顺畅的供需两端资源流转闭环。三是在监管端，基于“浙农码”给出租农房“一房”赋“一码”，将所有农房租赁信息汇聚至“浙政钉”，一屏尽览农房出租盘活带来的成效。

初步成效

系统协同公安等8大部门，对接10个数据源系统，归集数据共计115万余条，拦截问题房源39间，完成房源采集15 301间，上线房源14 377间，实现签约13 249单，签约成功率为92%。打造完成农居样板房源17间并成功出租。编制《农房租制度手册》，有效补充现有制度的不足。2022年与36家企业签订长期合作协议，为4家企业定制了个性化职工住宿方案。通过农房租项目，助力农户创收租金约800万元，向农户减免租房经济服务费50余万元，2 000余名企业职工住宿问题得到解决，企业、工人、农户、政府四方共赢。

“钱塘农房租”服务端

益农镇群围村“共智富”未来乡村数据治理平台

萧山区

案例简介

萧山区益农镇群围村以“共智富”为主题，以提升基层服务体验为着力点，整合全域资源数据管理，形成覆盖“基层治理、产业共富”两大板块的乡村振兴数智库，结合AI智能算法把各项业务数字化，打造群围村“共智富”未来乡村数据治理平台。

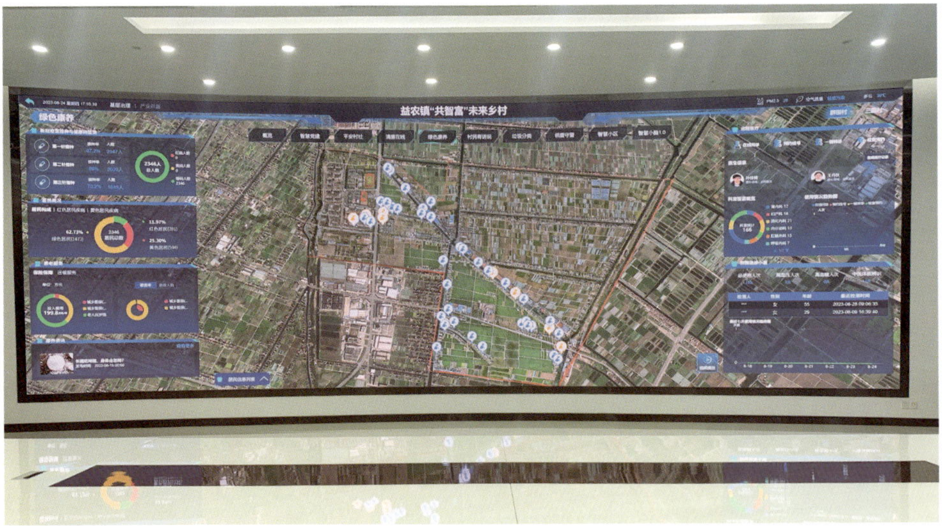

“共智富”驾驶舱

实现途径

该平台以GIS为基础，通过对人、房、事的统一定位，做到村民办事不出门、问政不出门、医疗问诊不出村，实现科技化、数字化的村庄管理。群围村聚焦村民需求，创新开发基层治理和产业共富两大功能。其中，基层治理有“村民有话说”“清廉在线”“绿色康养”“邻里守望”等8个场景；

同时，搭载高空球机等设备，通过视频算法，自动识别、自动预警，形成了“公开、阳光、高效”的智治体系。

“村民有话说”

初步成效

“村民有话说”场景累计受理村民信息481件，办结率100%，满意率100%，有效拓展了村民诉求的沟通渠道，突出村民在基层治理中的主体作用，让村民成为推进基层治理现代化的最大受益者。“清廉在线”场景，公开事项7 214件。实现了村务公开透明化、财务数据可视化、监督整改便捷化，实现了让权力在阳光下运行。“绿色康养”系统与益农镇卫生院合作，共同打造了“五不出村”的康养机制，即村民慢病配药、监测服务、常规检验、入院办理、康护护理五方面诊疗服务，不出村就能实现，有效简化了村民看病流程，也提升了村民满意度。

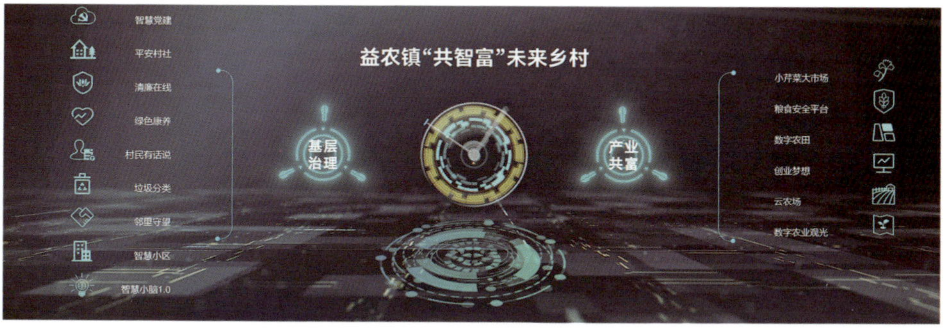

“共智富”应用场景

戴村镇“映山红”数字治理

萧山区

案例简介

戴村镇自2019年7月起，大力实施“映山红”数字治理计划，通过构筑“治理+发展”的双螺旋治理结构，有效激活村民主体意识，着力破解基层治理顽疾，实现可持续治理和高质量发展的良性互动。

佛山村上线动员大会

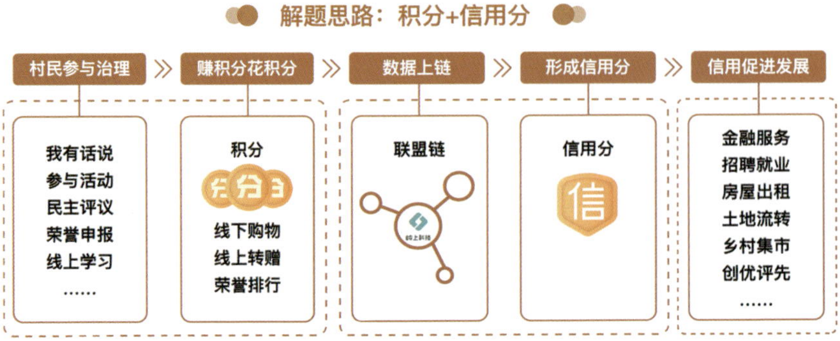

积分制解题思路

实现路径

打造通过“治理贡献”决定“发展权益”，通过“发展权益”激发“治理意愿”的交互机制。经过一年多的实践，2020年8月，在大石盖村、佛山村全面推出“映山红”数字治理平台2.0版——“戴村工分宝”，大大提高了村民参与乡村治理的积极性。2020年“工分宝”已基本全覆盖大石盖村、佛山村，覆盖家庭939户、村民3 470 人，发放工分卡669张，月均活跃度达到60%以上，2021年已开始推进全镇覆盖工作。2022年，全镇户覆盖率85%，月活跃人数3 900人，活动有39万人次参与，参与率90%，解决群众提交事宜1 054件。

初步成效

村民个体从“被动者”转变为“主动者”，实施期间，发起和参与乡村治理行为5 600余次。基层组织从“管理者”转变为“引领者”，其治理职责是制定和维护乡村规则，把更多精力投向专业化的基层党组织建设中。乡村资源从“零散化”转变为“规模化”：大石盖村累计盘整闲置土地600余亩，变“垃圾地”为美丽菜园；佛山村新增耕地33亩、水田19亩，从一个年收入不足20万元的经济薄弱村转变为年经营性收入达800余万元的富裕村。乡村产业从“低小化”转变为“品牌化”，“映季”平台累计销售产值超过338余万元，村民户均年增收2 252.5元。

“工分宝”小程序首页

数智鸬鸟乡村治理平台

余杭区

聚焦痛点

鸬鸟镇作为全域AAA级景区，年承接游客达100万人次，森林、河道覆盖面积广，景区管理、矛盾纠纷、抢险救灾等应对压力激增。在地域较广、资源有限的情况下，如何最大限度实现治理有效亟待破解。

数智鸬鸟驾驶舱

实现路径

鸬鸟镇立足前期良好的党群联动基础，探索党建引领“大治理”的乡村模式，紧扣自身生态旅游型乡镇特点，重点以数智鸬鸟乡村治理平台建设为抓手，以“一个云端”让数据“多”起来、“准”起来和“一个中枢”让数据“连”起来、“活”起来为顶层设计，通过基础数据集合、数智平台串联、实战场景应用，破解治理碎片化、低效化问题，打造集休闲旅游、现代农业、传统文化、美丽宜居于一体的特色小镇，全面提升治理现代化水平。一是构建数据底座。以统一地址库为基底，完成赋码地址5 089条，汇集辖区内的人、房、企、事、物、通信等社会治理要素数据，形成“一址六柱”的数据库体系。二是深化场景应用。通过感知设备，对人流车流、森林火点、溪流水源进行自动监测。数据汇聚至综治信息指挥室，由这个大脑进行分析研判，实时调度调治理力量。三是延伸乡村服务。整合乡村各种经营主体分布和经营状况，为精准服务提供一手资料，实现从精准扶贫向精准致富转变。

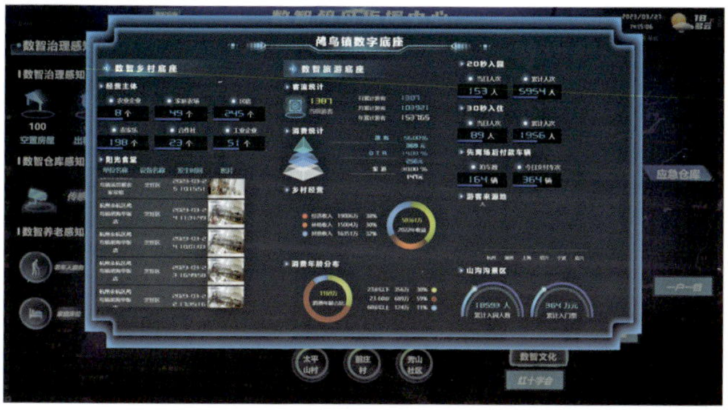

数字底座

初步成效

数智鸬鸟乡村治理平台运行以来，已发现并处置各类问题隐患280余件、矛盾纠纷40余起，整体响应效率明显提升，高效助推了全域景区管理。远距离高空瞭望设备开展24小时森林防火无盲点监测，累计制止野外用火500余起，消除火灾隐患8起；梅汛期河道水位实时监测发布橙色预警3次、黄色预警7次，有效避免山区洪涝灾害；旅游旺季接到上山游客走失救援信息6次，均在最短时间内进行定位和救援。

监管场景

ZONGHELEI

综合类

黄湖镇数字乡村智慧平台

余杭区

场景简介

黄湖镇数字乡村智慧平台以数据化主导为基础，将基层治理智慧化与便民利民数据化相融合，充分发挥“互联网+”智能优势，全力打造智慧为民、智慧惠民、智慧引民、智慧管民“四智”治理的“未来乡村”智慧化服务管理平台。

实现路径

一是智慧为民。依托城市大脑建设，在已完成建设的镇级数字驾驶舱的基础上，建立政务网基础上的镇级和“未来乡村”数据大屏，以人、房、物、事等数据化网格排查为基础，实现“未来乡村”全方位屏幕展示，把基础信息数据、生态保护智能监测、景区服务精准推送、治安隐患、消防隐患、应急事项、预警信息等实时呈现，实现智慧化模式智慧为民。二是智慧惠民。在数字化精细管理基础上，延伸政府服务事项，建立“未来乡村”联合治理工作平台，实行“一站式”管理服务，实现“最多跑一地”高效处理，全面提升公共服务质量。三是智慧引民。借助“未来乡村”物联网硬件设施优势，直观掌握空气、水质、人流量、车流量等实时数据信息，引导游客车辆有序启停，引导游客择时变更计划。同时，加强社会治理的党建引领，发挥党建统领、党员先行优势，推动实施“村民义务日”“自然好邻居”计划，深化民主协商议事机制建设，进一步带领群众参与到“未来乡村”的建设中。四是智慧管民。智慧平台是积分制管理工作的重要抓手，提升了积分制的可行性。第一，党员积分，以年为周期、以满分100分为标准，根据党员日常表现进行加减分；第二，文明积分，以年为周期、以满分100分为标准，采用减分制计算积分。村民违反规定被扣除相应的积分，文明积分与村民享受的福利相关联。

未来乡村智能便利亭

共享单车

青山带货直播

上官乡全景智图

富阳区

场景简介

上官乡围绕产业数字化、生态数字化、乡风文明数字化、治理数字化、生活数字化，构建独具特色的全景智图，主要包括人防智图、房护智图、企情智图、警事智图、地情智图、物联智图和组织智图。

物联智图场景

实现路径

根据乡村治理的需求，叠加上官乡治理的全要素信息，包括生态、生产、生活、文化各方面数据，实时展示乡村治理中的人、房、企、地、物、事件、组织等各类数据要素，动态分析乡村运行状况，联动基层各部门，实现业务协同管理、指挥调度、应急处理，全面提升乡村治理辅助决策能力。例如，企情智图，通过收集流动人员、安全生产、政府服务等要素信息，解决企业安全生产管理的难题及外来务工人员占比多难以管理等问题，同时梳理与企业有关的产业链、供应链、资金链，以及生产用地用房、企业员工、企业产值、安全隐患等方方面面的数据，通过结构分析、趋势分析、阈值预警，指导企业标准化、安全化生产，扶持企业更好地发展。

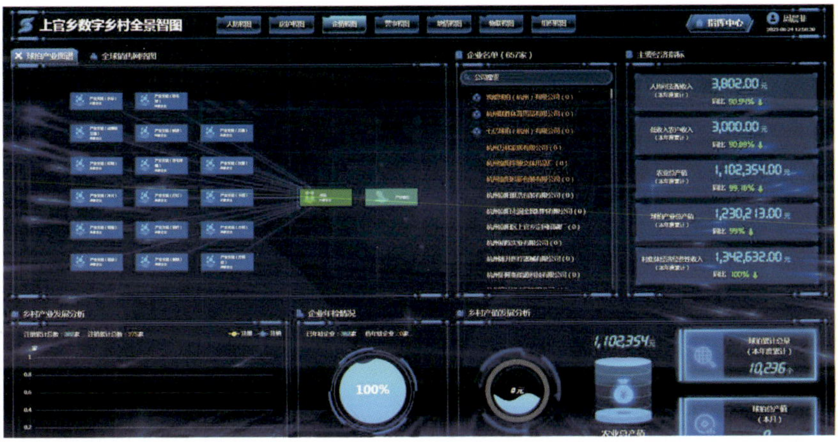

企情智图场景

初步成效

全景智图上线以来，共收到民情民意18 996件，处理完成率97.14%；调解上报基层治理问题3 614起；受理信访事件121起；依法处理治安案件2起。

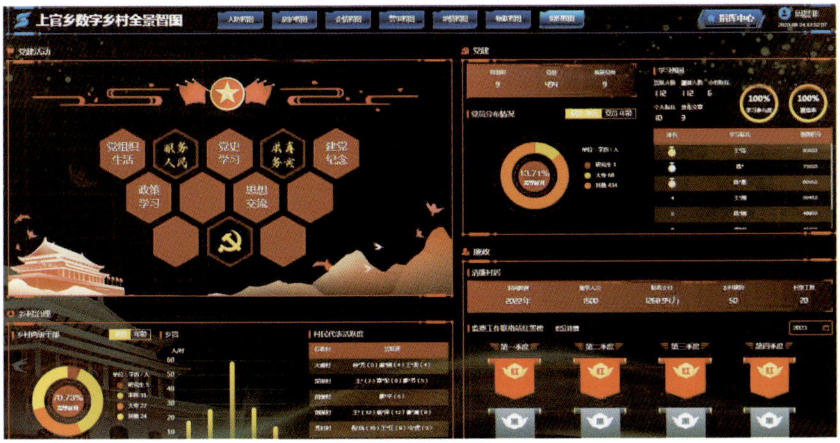

组织智图场景

"天目云农"一张网

临安区

聚焦痛点

临安区在国家数字乡村试点示范建设规划和顶层设计稳步推进的同时，缺少统一平台承接和反映数字乡村建设成果；各部门在数字产业、数字治理、数字服务三个领域的应用建设独立且数据资源分散，需要统一平台对乡村数据进行排摸、归集和利用。

"天目云农"四大模块

实现路径

一是构建"天目云农"一张图。重点建设乡村资源、数字产业、数字治理、数字服务四个专题。通过"天空地"一体化监测预警能力建设，开发"天目云农"辅助决策模块，实现山核桃、雷笋、水稻、茶叶四大主导产业整体态势感知、病虫害监测、气象灾害预警、农产品安全预警。二是构建"天目云农"数据仓。一方面，通过浙江乡村大脑数据回流、IRS平台归集全域涉农数据，建设基础库；另一方面，通过本部门应用数据的归集整理，建设专题库。两库数据联动"天目云农"物联网平台实时数据，关联预警模型，实现3个产业预警业务闭环。三是构建“天目云农”公共应用组件库，建设物联网管理、病虫害识别、农产品溯源等8个公共应用组件，有效避免重复建设。

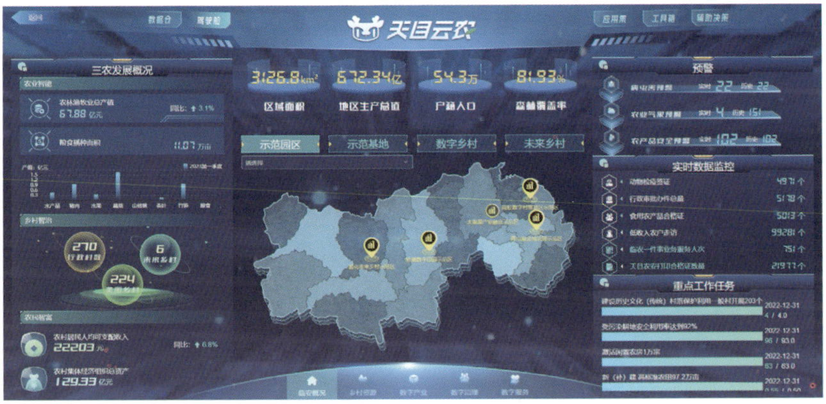

“天目云农”驾驶舱

初步成效

围绕浙江省数字化改革“四横四纵”体系，以“135N”为临安区数字乡村建设“四梁八柱”，完成临安区数字乡村核心框架搭建工作；构建形成“天目云农”一张图，集成各部门数字乡村特色应用，并通过乡村经营、乡村治理和乡村服务进行数字化管理，截至2023年6月，已归集数据4 886万条、图层30个，对接数据接口312个，形成特色应用场景32个。

辅助决策场景

“临农一件事”应用

临安区

聚焦痛点

临安区有竹笋、山核桃、茶叶、蔬菜等主导产业，在产业规模化经营和现代化转型过程中，农户和企业面临着社会化服务缺乏整合、线上服务资源少、小农户和现代农业难衔接等问题。在税务方面，初级农产品开票难，企业开票不规范。

实现路径

一是摸清数据资源，打通全区涉农部门数据资源，全面采集农残检测、种子经营、动物诊疗、土壤监测、农机服务、农资服务等100余家社会化服务组织信息，以及山核桃、雷笋、茶叶、水稻等主导产业的规模农户种植信息。二是丰富服务场景，针对农户需求，通过数字化服务平台推出“我要植保”“无感补贴”“我要开票”“我要贷款”等18项高频应用场景，实现“最多跑一次”。三是加强有机衔接，协调经营性服务组织，在病虫害防治等方面实行统防统治，提供从种到收的生产托管服务，以及烘干储藏、农产品加工、品牌销售等产后服务，提供农机维修、担保贷款保险等拓展服务。

“临农一件事”首页

初步成效

自应用2023年上线以来，注册用户24 000余人，入驻服务组织88家，月均访问达6 000人次以上，累计服务745次，累计发放银行授信4亿元。初级农产品免税开票解决了农户开票难、办税难问题，规范了农产品购买方进项发票取票难等问题，健全了农产品税收共治机制。

专家问答模块

AI识别病虫害

莪山畲族乡数字乡村5G示范应用

桐庐县

聚焦痛点

莪山畲族乡是浙西北唯一的少数民族乡，有着丰富的民俗民风和特色农业产业，山区老百姓的教育、医疗和致富之路需要进一步引起关注和重视。

数字展厅

实现路径

借力数字赋能带动“民族乡村共富标杆”创建，加快信息基础设施建设，积极发展农村电商、智慧农业、智慧旅游等新产业新业态，将5G技术对接产业、民生、治理三大领域，启动了智慧农业驾驶舱、直播间、云课堂、VR游畲乡、全域景区大数据检测、智能居家养老服务站、水质全天候检测等项目，实现5G全区域覆盖、全产业融合、全场景应用。

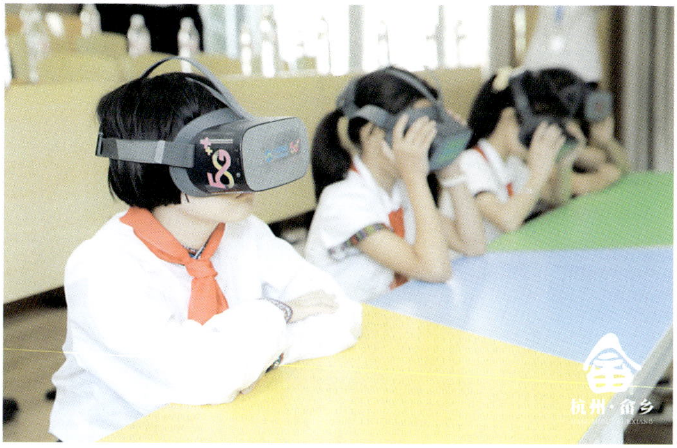

VR游畲乡

初步成效

数字乡村建设给莪山人民群众带来更多获得感、幸福感和安全感。“稻鱼共作”智慧农业实现高效生态种养模式，乡村智慧医疗实现了家门口的便捷就医，VR教育使更多山区孩子走进名校课堂。此外通过云直播、云展示、云贸易等方式，实现了小农户和大市场的精准对接，千亩生态稻、万亩高节竹、十万斤红曲酒、百万只黄金粽成了“莪山畲味”公共区域品牌下的网红产品。莪山数字乡村建设项目在工业和信息化部举办的第三届绽放杯比赛中获取全国三等奖（5G数字乡村领域唯一入围奖项）、浙江省二等奖。

村落一角

数智赋能乡村振兴“下姜模式”

淳安县

场景简介

枫树岭镇下姜村位于淳安县西南部，从2001年开始，下姜村先后成为七任省委书记的基层工作联系点。淳安县以下姜村为试点，以“数智开源、梦启下姜”为主题，试点开发“小姜哥”智能终端，打造“四种人”驾驶舱，实现数字化改革综合集成、综合提升、综合服务的“数字之力”，努力探索数智赋能乡村振兴新路径。

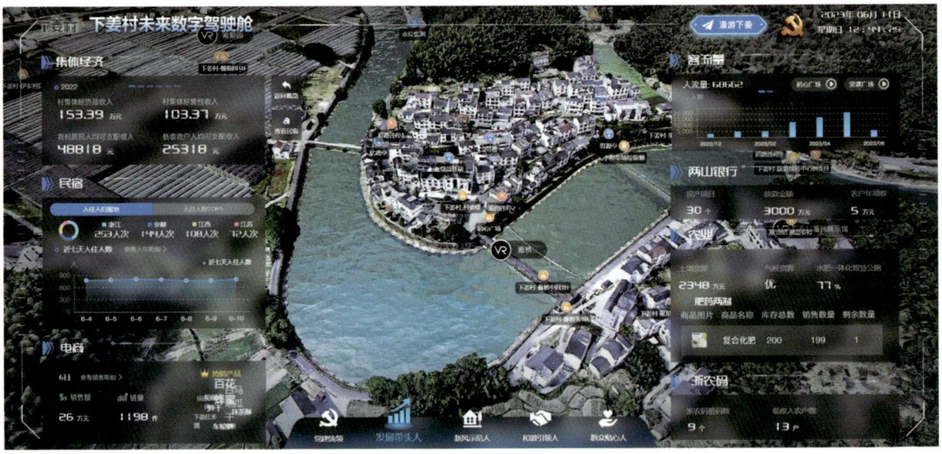

下姜村未来数字驾驶舱

实现路径

一是一屏总览，聚焦党建引领。深入实施红色根脉数字强基工程，运用智能居家终端“小姜哥”，构建线上线下结合的方式，助力“清廉乡村”建设，促进党建工作精细化管理。二是一屏通管，优化基层治理。依托“智慧消防”“电力关爱码”和“智慧停车”等系统实现对民宿、农户、道路等重点领域的全天候管控，提升风险研判的时效性和全面性。三是一屏

下姜村5G医疗

通办，助力便民服务。依托下姜村居家养老照料服务中心，深入推进智慧养老场景落地送餐服务。建设5G远程诊疗系统，构建村民电子健康档案。打造智慧管家“小姜哥”智能终端，以适老化图标和语音触屏等方式为村民和游客提供可视对讲、养老看护、信息推送、一键报警等各类场景服务。四是一屏领富，做强特色产业。深度开发面向游客的“一图游”界面，通过小程序、浙里办等平台与游客和市民进行双向互动，实时推送停车场位置、空位等信息。

下姜村全景图

三产融合的乔司生态农场

钱塘区

场景简介

乔司农场地处杭州市钱塘区，是杭州市重要的蔬菜、水果种植基地，“乔司西瓜”“下沙草莓”等优势农产品在周边有一定的影响力，农产品附

农场外景

智慧温室大棚

加值和群众认可度较高。主要产业有农业种植业、奶牛养殖业、直属工业等，主要产品有蔬菜、乳制品、酒等，经营范围广泛。

实现路径

一是数字化。建立乔司农场“数据驾驶舱”，开发农业物联网平台、农场管理App，为农业生产经营提供产前、产中、产后全过程、专业化的配套服务。二是规模化。转变“低小散”的农业经营主体现状和“粗放式”的农业生产现状，以设施农业为方向，实现规模化、集约化经营，不断降低生产成本，促进农业高质量发展。三是特色化。发展果蔬仓储、加工、冷链物流等第二产业，发展观光农业、认养农业、康养农业等第三产业，建设农耕文明展馆，打造“农文旅产学研”一体化经营平台，加快三产融合进程，拓宽农业增收渠道，实现农业功能的多重延伸。四是高质化。引入新品种、新技术、新设施，实行有机种植，实现农产品质量安全追溯，进一步提升农产品品质，擦亮“乔司西瓜”“下沙草莓”等品牌，增加农产品的附加值。

初步成效

依托数字驾驶舱、智慧温室大棚、数字大田等已建成项目，创建了钱塘区中小学生教育实践基地、省级低碳生态农场等，基本实现三产融合。自2022年10月项目投入使用至今，来园区参加研学的中小学生累计6 300人次。

农场管理App

图书在版编目（CIP）数据

杭州市数字乡村建设典型案例集 / 罗煦钦等主编. —北京：中国农业出版社，2024.1

ISBN 978-7-109-31714-7

Ⅰ.①杭… Ⅱ.①罗… Ⅲ.①数字技术－应用－农村－社会主义建设－研究－杭州 Ⅳ.①F327.551－39

中国国家版本馆CIP数据核字（2024）第037487号

HANGZHOU SHI SHUZI XIANGCUN JIANSHE DIANXING ANLIJI

中国农业出版社出版
地址：北京市朝阳区麦子店街18号楼
邮编：100125
责任编辑：贾　彬　李　辉
版式设计：李文革　　责任校对：吴丽婷　　责任印制：王　宏
印刷：中农印务有限公司
版次：2024年1月第1版
印次：2024年1月北京第1次印刷
发行：新华书店北京发行所
开本：700mm × 1000mm　1/16
印张：6.5
字数：106千字
定价：68.00元